大展好書　好書大展
品嘗好書　冠群可期

大展好書　好書大展

品嘗好書　冠群可期

武術特輯
85

楊式太極拳詮釋

〈理論篇〉

王志遠　編著

大展出版社有限公司

楊澄甫先師遺像

先師楊澄甫（中）與傅鍾文（前左）赴粵授拳合影

　　王志遠香港和寧波學生參加2001年邯鄲國際太極交流大會獲4金4銀10銅及精神文明獎。

　　王志遠香港和日本學生參加香港特區政府舉辦的2002年先進運動會太極拳比賽獲1金1銀1銅，其中囊括楊式太極劍個人賽冠、亞、季軍及太極拳隊賽殿軍。

作者王志遠與趙安洲大師推手。

作者王志遠及李沛鏜校長與香港基灣小學太極拳親子班學員合照（第三排左6為李校長）

作者王志遠被香港教育署課程發展外聘為中學教師太極班導師做「品質圈」顧問。同時被聘為課程發展處及香港大學專業進修學院合辦的教師太極班主講導師，圖為研討之中。

作者王志遠及其學生林逸慧（後排右3）、錢秀蓮（後排右4）、林英璇（後排左3）與香港錢秀蓮舞蹈團「武極」舞全體演員合影。該舞由香港康樂及文化事物署主辦，作者受聘為太極動律顧問，首次將中國的傳統文化「太極拳及散手」等搬上舞台，香港社會各界及13個國家的駐港領事觀看了該舞，好評如潮（照片由錢秀蓮舞蹈團提供）。

傅君鍾文永年　楊澄甫師之晚成弟

師之傳授規矩準繩絲毫不爽故人

稱為太極拳之正宗劍謝永年太極

孝社教授學者不取報酬成就甚眾

今屆十載屬余書數語以為紀念爰

揚光大舍　鍾文其誰歟　陳微明

志遠賢徒

寧靜致

沈尹默 書

辛巳年春

王志遠先生，浙江省寧波市人，畢業於浙江大學，現任高級工程師。

志遠先生早年習武，師承傅鍾文、沈壽、趙安洲等宗師。他生而穎悟，體格清健，且又性情怡和，沉靜穩重，追隨諸恩師左右，殫精竭慮，認員研習太極等內家拳術，數十載如一日，故深得恩師的厚愛器重，親授員傳，成爲嫡傳楊式太極拳之衣鉢傳人。

他爲弘揚發展太極拳事業，幾十年來未敢懈怠，在傅鍾文老師和沈壽老師倡導之下，於1983年創立了寧波永年太極拳社，爲該社的主要創始人之一。隨之又倡導了香港永年太極拳社，現擔任寧波永年太極拳社社長及香港永年太極拳社永遠名譽會長之職。

志遠先生敏思勤學，博採眾長。他注重理論的學習，在勤修太極拳術之同時，博覽拳論、拳史、拳

譜，做了大量的拳學理論研究，遍閱名家著論，詳加考評，勘誤釋疑，心勤筆健，發表的論文難計其數。《楊式太極寶典叢書》是一部較爲系統的楊式太極拳著作，係先生積幾十年心血之力作，叢書之三《楊式太極刀》已經由人民體育出版社出版。現在奉獻給行家讀者的是叢書之一《楊式太極拳詮釋——理論篇》，詳盡地論述了楊式太極拳的拳論、拳理和拳術。叢書之四《楊式太極劍》、叢書之五《楊式太極杆（槍）和戟》、叢書之六《太極推手及散手》及《太極拳譜校注詮釋》，都將陸續出版，以饗讀者。

　　註:《楊式太極刀》大展出版社於 2003 年 8 月出版中文繁體字彩色版，歡迎洽購。

我的拳藝生涯裏，曾有過很多領我進門的老師，其中主要有沈壽、趙安洲、傅鍾文等。有的已仙逝，有的已隱居，有的已住進了百歲院。每當我想起他們嚴格的、有時甚至是嚴酷的教育訓練，而又如父兄般待我，崇敬與感激之情油然而生，常常爲之而熱淚盈眶。我今天的點滴太極拳知識和功夫，無不是他們辛勤教育的結果。

　　他們常常教誨我，堅持勤、恒、禮、誠，故我能耐得寂寞、耐得淡泊、耐得辛苦，幾十年如一日，風雨無阻，晨昏無間，堅持每日工餘苦練四個小時以上的太極拳，贏得了「拳癡」和「綿王」的稱號。

　　他們又告誡我，不要早爲師，不要早出書，不要早成名，以免誤人誤己。但由於當時太極拳不及如今之普及，師資力量缺乏，加上老師年事漸高及健康等原因，我早已爲「人之患」（「人之患，在患爲人師」），代師授藝了，學生遍及世界各地。出書則在老師「你也應該寫一些體會了」及把「楊家傳世太極拳整理出來」的囑託下，在人民體育出版社的鼓勵下，以及廣大拳友的支持下，才醞釀撰寫《楊式太極

寶典叢書》。該叢書分爲太極拳理論篇、太極拳練習篇、太極劍、太極刀、太極槍（杆）、太極推手及散手、太極拳譜校注詮釋，以及楊家太極五代名人略傳。

此書雖係我撰寫，但實際上我僅僅是站在諸老師的肩膀上，將他們平時辛勤教育的内容，作一次整理和總結，其間也有我的一些體會和理解，而毛病和錯誤往往出在「體會和理解」之中，誠請行家裏手多多指出其中的誤謬，則在我的拳藝生涯中又增加了良師益友，幸甚。

此書在社會各界，特別是香港永年太極拳社和寧波永年太極拳社的關懷下出版，其中拳友林宏、李沛鏜、江錦、陳佩銘、李沛豪、余偉文、劉輿科、林逸慧、梁日明所作貢獻尤甚，謹此表示深深的感謝。

王志遠
於香港

　　註：《楊式太極拳》一書完稿，準備作序。剛好有拳友係季老學生，贈我《季羨林散文》以「共同體味季先生散文中的眞情、眞思和眞美！」其中「遙遠的懷念」一文，甚合我心境，遂借用一二句作序，以增光輝。

太極拳陰陽合德，練其形而傳其神，傳其神而達其意，達其意而先其心。以心行氣，以氣運身，神氣鼓盪，內氣潛轉，源動腰脊，勁貫四梢，丹田吐力，功力老到。支撐八面而穩固厚重，八面轉換而輕靈圓活，拳勢如行雲流水，風曳楊柳，輕盈自然。又恰似溪中浣紗，春蠶吐絲，連綿不斷，剛柔互運，虛實滲透，動靜渾然，蓄發相變，奇正相生，功勁似有若無，形影飄忽莫測，貌似柔軟無力，實則無堅不摧，乃柔中寓剛、棉裹藏針之藝術。自初發悟，至於有成，走架之境凡三變：初若身立水中，隨水波之推盪；稍進，則如善游者，與水相忘，有足不履地，任意浮沉之慨；又進，則步愈輕靈，若自忘其身，直如行於水面，飄然為凌雲之遊也。功臻上乘，其和氣周匝一身，溶溶然，若山雲之騰太虛；霏霏然，似膏雨之遍原則；淫淫然，若春水三滿四澤；液液然，如冰河之解釋；往來上下，百脈通融，被於谷中，暢於四肢，拍拍滿懷都是春，而其像如微醉也，內不覺其一身，外不知宇宙，天人合矣。

綿 王志遠
壬午歲秋

第一章　太極論譚

一、太極拳道

太極拳的發展歷史悠久，它是我國古老文化的產物。它決非拳術這麼簡單，它既不是體操，也不是柔道，也不是外國人眼中的「中國芭蕾」，更不是一種簡單的體力活動。

它博大精深，除了深蘊莫測的功勁之外，深受千百年中國傳統文化的影響和薰陶，有著極其深厚的中國悠久傳統文化的沉積。

其功理常以道、儒、理、易哲學論理為支柱，以養生、氣功、中醫、武術等領域的氣血、經絡、穴位和臟腑學說為基礎（這些領域的學說既有滲透，亦有其相異之處），與軍事學、兵法相關聯，與人文科學相涵通，可說是肇始乎古哲，融貫乎三教，橫涉乎九流，浸淫乎百家，具有深刻的文化內涵，是華夏民族的精神象徵，是中國古代哲學思想所孕育的偉大成果。可以說，物我融洽、精靈機巧的太極拳使中國的拳藝提升到最圓滿的境界。

太極拳的承傳是傳統的、「老舊」的，它的形貌平平無奇，是簡單的、自然的。俗說：「真水無香」，大凡精義都

在簡單「老舊」之中，正是這「老舊」、簡單和自然，才能使古老的太極拳與無垠的宇宙始終相連，使太極拳在自然裏遨遊，並與歷代太極拳家的品格、氣質和修養達到自然相融、渾然天成、天人合一的境界，而顯出勃勃生氣。

歷代的太極拳探索者，用他們生命的貫注，創發了永恆不朽的太極拳藝。世人稱譽這種行雲流水、流暢不拘、骨肉亭勻、靜穆舒展、莊偉沉雄和氣勢磅礴的內家太極為「中國第五大發明」，是東西方文化相互滲透、交融的橋樑，是人類的共同語言。

這個「橋樑」和「共同語言」不是別的，是「道法自然，天人合一」的太極文化與健體、防身、修心、養性的完美結合，是人的心靈與身體活動所呈現的體語美的和諧一致。而這一種「和諧」是無界的，其大無外，其小無內，其用無窮。它使太極拳作為一種哲拳，向世界傳播未來人體文化的資訊，使人類走向和諧。

這種和諧就是「中和」，就是「道」。

《禮記》中說：「喜怒哀樂之未發，謂之中；發而皆中節，謂之和。中也者，天下之大本也；和也者，天下之達道也。致中和，天地位焉，萬物育焉。」《淮南子》云：「道至高無上，至深無下，平乎準，直乎繩，圓乎規，方乎矩。包裹宇宙而無表裏，洞同覆載而無所礙。」《莊子》則謂道為「有情有信，無為無形，可傳而不可受，可得而不可見；自本自根，未有天地，自古以固存；神鬼神帝生天生地，在太極之先而不為高，在六氣之下而不為深，先天地生而不為久，長於上古而不為老」。

　　「道」之概念，原指道路，莊子齊物論云：「道，行之而成。」《說文解字》解「道」為「所行道也」，「一達之為道」。又有「一陰一陽之為道」的說法。韓非子解老篇謂：「道之，萬物之所然也。……萬物各異理，而道盡稽萬物之理。」韓非子解道，乃別理於道。萬物各異理，言物各有其不同之理；謂道盡稽萬物之理，即言道遍於萬物之異理，有通貫一切異理之作用。廣而衍之，成為天地之常，萬物各有其道。

　　這裏的「常」和「道」已是天地萬物生化運行的總準則、總規律，即從一切具體事物中抽象出來的自然法則和規律；或解決事物矛盾，達及事物終極目標和境界的法理與準則；或自然或宇宙客觀事物形成運化之規則與根本原理。所以道有種種意義，如路、理、術、說、治、引、順等，而普及於哲學、經濟、政治等一切領域，成為放之四海而皆準之真理。「循道而趨」，順天地之常而發展，則可源及事物的本質，可達及終極之至境。

　　太極拳道博大而廣涵。正如著名拳家王薌齋所言：「拳道之大，實為民族精神之需要，學術之國本，人生哲學之基礎，社會教育之命脈。其使命要在修正人心，抒發感情，改造生理，發揮良能，使學者神明體健，利國利群，固不專從技擊一端也。若能完成其使命，則可謂之拳，否則是異端耳。習異拳如飲鴆毒，其害不可勝也。」

　　陳炎林亦指出：「蓋太極者，一舉一動，均合科學化，精神化，小則可以強身祛病，禦敵防侮，大則養氣凝神。為修道之不二法門。」

王宗岳《十三勢》云：「詳推用意終何在，益壽延年不老春。」《太極拳論》原注云：「此係武當山張三豐祖師遺論，欲天下豪傑延年益壽，不徒作技藝之末也。」

可見太極拳道，亦即太極拳的本質，是技擊觀和養生觀的高度統一，一個半世紀以來的太極拳，正是遵循這個方向發展的。

所謂「末藝」或「末技」，傅鍾文、沈壽兩導師曾有精闢的見解：從拳術純技藝的角度來看，技擊是拳術的核心內容，離開技擊，拳術也就不成其為拳術。

幾乎所有有志於武藝的習武者，終其一生精研拳功，追求技擊術的至高狀態，這是必然的，也是理所當然的事。然而技擊內容的學習，只能放在習拳秩序的最後。

就太極而言，必須先學好拳架、推手等拳術基礎內容後，才能進入技擊內容的專門訓練。也就是說技擊是學習技藝的末端，是根據習拳的順序和易難程度所作的習練安排。從拳學的角度來看，隆德尚禮，養心修性，和氣凝神，改造生理，強身祛病，發掘潛能，階及神明就成為拳家至高境界的追求。相比之下，技擊的追求也就成了「雕蟲小技」，也即末技了。

內家太極靜相動象，雖可妙肖人生和自然，然仍是有形的，是人的實的活動，是有所為而為，是受時代的環境需要限制的。如果太極拳僅侷限於實用的目的和技擊的追求，而身心性靈沒有更高的修為，沒有服務社會、造福人民的崇高理想和目標，其意義遠不夠深遠，即使天下無敵手，充其量不過一介起起武夫，一個淺薄的拳手，而成不了眾望所歸的

太極大家。

一個最好的太極拳家，就是得「道」當慎守，心態遠離技擊，遠離爭勇鬥狠。因為太極不僅僅是技擊。太極無為而自然，《老子》云：「道之尊，德之貴，夫莫之爵而恒自然也。」我們須在無為而無不為的進取思想指導下，既向外部世界大宇宙求知，研其生長發展，變化消亡，宏觀微觀之物理，又向人類自我內部世界小宇宙探索，窮其陰陽轉化，練神還虛，復返嬰兒，參贊天地之化育，成就「天地人合一」之道。法乎道則順應自然而有為，成乎道則合德自然而無為。無為而為，方為真為；自然而然，自然天然。

彷彿居士認為：「無為之修，順其天道；有為之練，逆其天道。順天道者，得天地造化之機；逆天道者，奪天地造化之機；看似兩相對立，實則均為大道，法分有無，道分王霸，殊途同歸而已，不可率以上乘下乘判之。」

傅、沈兩導師詮釋太極拳道，曉喻學生為人之哲理。傅老師有幾句名言：「人生健康第一，人生品德要緊，人生時光寶貴，人生助人為樂。」而沈壽老師更是教導我們在勤學苦練的同時，注意慎養，練養結合，內外雙修，神氣合一，感而遂通。他指出：你們都是教練，教而不練，教之過也；練而不養，練之失也。很多著名武術家教而不練，名不副實；練而不養，終究短壽。實為習武不得法，不循道之遺憾。

明代著名醫家章潢指出：「人生同天地」，即人身與天地同重，除卻此身，聖人所說的修身立命、存心養性，乃至參贊天地之化育，一切都無從談起。習武之人必究養生，因

為養生是大道，是「體」，即內在因素，技擊是小道，是「用」，即外在因素。「體」是本質，是潛在的條件；「用」是發揮，是機緣際會。「有體而無用」或「有用而無體」都不能成事，所以修練太極的人，必須注重「體用」結合，「體用」一致，也就是練養結合，技擊觀和養生觀的高度一致。小道服從大道，也就是我們常說的小道理服從大道理，所以，技擊必須服從養生，這是因為太極技擊源於養生，是養生的延續和延伸，又最終歸結為養生。

養生是技擊的發源和歸宿，是技擊的基礎和太極的生命。一切以搏擊為主、為終極目標的拳術，包括某些所謂的太極拳，都與太極拳道相背離，不是太極之「正品」，當然也就無法冊列太極之門。因為「道不同不相為謀」。

然而太極之最高境界，即「道」，是建基於純熟技法之上的，即所謂道由技進。拳家拳論強調「無法之法」「法無常法」，並不意味著沒有法和不要法，而是主張不拘泥於法、不濫用法，從更高的層次來看待技法，視技法為拳道之基礎，此即莊子所謂「技而近於道者也」。

只有拳技拳法的上等，才能達至拳學拳道的上乘；也只有拳學拳道達至上乘，胸中有道義，又廣之以聖哲之學，拳乃可貴。「道由心悟」，心即是法，心生則種種法生，直指人之本心是「道」之終極目標。

正如著名作家金庸給《吳家太極拳》一書寫的「跋」文中說：「太極拳的基本構想，在世界任何拳術、武功、搏擊方法中是獨一無二的。我相信這是老莊哲學在拳術中的體現，用在政治上，那是清靜無為的黃老之術；用在拳術上，

便是以柔制剛的太極拳……練太極拳，練的主要不是拳腳功夫，而是頭腦中、心靈中的功夫。如果說『以智勝力』，恐怕還是說得淺了，最高的太極拳甚至不求發展頭腦中的『智』，而是修養一種沖淡平和的人生境界，不是『以柔克剛』，而且根本不求『克』。頭腦中時時存著一個『克制對手』的念頭，恐怕練不到太極拳的上乘境界，甚至於存在著一個『練到上乘境界』的念頭去練拳，也就不能達到這境界罷。」

這一種超越於太極拳本身的境界，正是太極拳道，即中國博大精深的太極精神。如果不體悟這種道，不領悟這種精神，那是無法全面掌握太極拳以及真正使太極拳走向世界的。我們現在要把太極推向世界，僅編製幾個規範的套路是很不夠的，只有深入探討和揭示太極拳運動的文化背景，並使之跟當代整個世界文化的發展方向相溝通，才有可能讓它真正走向世界。

《素問・上古天真論》曰：「余聞上古有真人者，提挈天地，把握陰陽，呼吸精氣，獨立守神，肌肉若一，故能壽蔽天地，無有終時，此其道生。」這是中國傳統的哲學理論對宇宙「天地人合一」關係所作的高度概括，也是主客觀的高度統一。

隨著社會的發展，文明的進步，特別在近現代西方的哲學、數學、物理學、心理學、生理學、生物力學等學科的加盟，太極拳得到了進一步的發揚光大，在當代世界的文化發展中日益顯示出自身獨特的價值和魅力。

太極拳道亦即太極精神，更加博大廣涵，它是量無窮、

時無止、分無常、終始無故，即物量、時間、得失、終始均無限無定，通玄通妙，光明普照。我們將遵道而趨，在這無限的境界中，心靈體悟道之無限潛能，不負拳道之使命，化萬有差別入整齊劃一之中，讓太極精神發揚光大，讓太極拳走向世界，造福人民，造福世界。

二、太極名緣

太極之一名，自為中國哲學之最高概念，然太和、太一、太素、太初、太始，亦皆為太極。其名首見《易·繫辭上》：「易有太極，是生兩儀，兩儀生四象，四象生八卦，八卦定吉凶，吉凶生大業。」

「易有太極」，易何以有太極，太極究為何也？

這是因為《易》學理論涵括了「太極」。老子曰：「人，法地；地，法天；天，法道；道，法自然。」太公《陰符》篇曰：「自然之道靜，故天地萬物生。」由此推見，道法自然，則自然之道靜；自然之道靜，則天地萬物生，運行化育，生生不息。所以，靜者生生之本也。《易》曰：「生生之謂易。」前之生者，生之本；後之生者，本之生。此本即為太極，故曰易有太極。

太極湛然無象，無為無生，寂然混沌也。靜為其本，動為其萌。

太極古哲名以太極，本含深義，太者大也，高也，無上之稱，無上之先則始也；極者最也，盡也，無下之謂也，無下之後則終也。故太極者，即終始也。又太者，太也，空

也；極者，無也，虛也，虛無之指，故太極者因其無可名狀，而又名稱太虛。而虛無者仍即終始也，故太虛亦終始之義。太極者，太以虛，虛以空，空以無，無以靜，靜生動，動則化，化則極，極則變，變則復，復則靜，靜歸無，無返空，空不虛，還其本來面目，宇宙萬物皆循此終始之大道。

老子曰：「道生一，一生二，二生三，三生萬物。」道生一，即道者一也；一者，渾然一氣也。老子曰：「有物渾成先天地生……吾不知其名，字之曰道。」

即是說，天地萬物沒有形成之前，宇宙太虛只存在渾然一氣，天地萬物由這渾然一氣所化育產生，其為天地始，其為萬物母。但這渾然一氣變幻莫測，很難用語言文字來表達，遂強名之曰「道」。

而《易經恒解》等解太極係渾然粹然，一氣氤氳，像其混沌之初，有物而無形，有情而無名，無稱之稱，不可得而強名之者。

唐代孔穎達作《正義》等，認為太極本無所指，蓋虛無之代辭。其曰：「太極謂天地未分之前，元氣渾而為一，即是太初、太一也。」

宋代楊萬里說：「元氣渾淪，陰陽未分，是為太極。蓋太極者，一氣之太初也，極之為言至也。」

戴東原《諸言》解太極，以為太乃無上之稱，極有會歸之義。太主始生，極主藏歸，故太極者，始生藏歸之謂也。

宋代李覯說：「惟初太極，道立於一，造分天地，化成萬物。」可見「道」即「太極」，或「太極」與「道」同一。所以老子所說的「道生一，一生二，二生三，三生萬

物」之道生一，道者一也；一者，渾然一氣也。渾然一氣包含陰陽二氣兩個方面，謂之二，即一生二也。陰陽二氣相交合，便產生新物體，此即二生三也。新物體又包含陰陽兩個方面，復交合，又產生新的物體，天地萬物也就這樣產生了，此為三生萬物也。又三者，天、地、人三才也，三為二之所生，二者陰陽兩儀也，二者一之所生，故一者太極也，亦即道也，或說道之體為太極。

易曰：「大哉乾元，萬物資始，大哉坤元，萬物資生。乾坤分立，寥廓成焉。」如何稱為這由無而一，由一而至萬物，而且仍在生生化化的「寥廓」呢？《淮南子・齊俗訓》曰：「往古來今謂之宇，四方上下謂之宙。」（陳鑫著《太極拳推原解》則注宇宙為：太極是體，陰陽是體中之氣。四方上下曰宇，古今往來曰宙。）往古來今即時間，上下左右、四面八方即空間，古人以宇宙作為天地萬物的總稱。

中國古典哲學之代表《周易》，總結了宇宙物質運動的普遍規律，同時提出了模擬宇宙論的人體生命哲學。認為人體為一小天地，即小宇宙，它與天地之大宇宙有著同一本體，同一運行規律，同一生成秩序。這也就是人類服從大自然選擇之根本原因，因為人即是大自然之組成部分，是大自然的產物之一。

人與自然息息相關，天、地、人渾然一體。「人，法地；地，法天；天，法道；道，法自然」「天人感應」「天人合一」的思想正是建立在這一基礎上的。所以易是萬殊之源，正如美國國際易經研究會主席、夏威夷大學成中英教授認為的《易經》是中國文化的源頭活水，它的思想可以追溯

到新石器時期的天人互感，萬物化生的觀念。

中國的太極文化將《易經》《老子》《莊子》《孫子兵法》和《黃帝內經》中的陰陽互體、陰陽互根、陰陽消長、陰陽轉化、陰陽平衡、陰陽合德，天人感應、天人合一的學說，以及魏晉玄學中「虛靜為本」「自然合理」的理論，以至隋唐「漸悟」「頓悟」的佛學思想等中國傳統文化的沉積，歸納為最簡潔明瞭，最樸素完美，最醉心動人的，被譽為「總天地養物之理」，「通天地之極、盡宇宙之極」的「天下第一圖」——太極圖。

太極圖在直觀的層次上是一神秘的象徵符號，但在這神秘的象徵背後卻有著中國人對自然、宇宙物質運動普遍規律的相當具體的認識，並附有極規範的實際操作方式。它包羅了宇宙、物質、生命、人類（高級思維）的各種秘密，正是地球上失去的文明源頭之所在。

它和象徵著西方文化的十字架有著完全不同的內容，十字架反映了西方人在精神與物質、此岸與彼岸的兩極對立中追求極限和超越，而太極圖則表現了中國人重視陰陽互補、陰陽轉化、陰陽合德的自我完善。

當代學者認為它是宇宙物質的運動模式圖，象徵著量子力學的互補原理。學者墨翟稱它為「中國美學的圖騰」。而美國當代物理學家 J・A・惠勒說過：「他之所以敬佩中國的傳統，不單在於中國的長城箭垛、帝王陵寢、佛塔古寺等看不盡的物質上的歷史陳跡，更在於中國的許多偉大思想家所留下的精神寶庫。」而太極文化是中國四大發明之前的偉大發明，是古老神秘而又超越時空的民族瑰寶。

太極文化的圖騰，即太極圖，呈圓形，際中以 S 形之曲線即膾波線分割。圓者，全也，備也，可納萬有而不泄也；又圓者，周也，圍也，環也，周正不偏，周全運化，周流暢達，周而復始，如環無端，循環往復也；又圓者，潤也，活也，運化柔潤，依隨自由，變易自然，圓潤活潑，圓活生變，生氣存也；又圓者，飽也，滿也，主藏歸也，包藏無窮，應化廣闊柔弱自然之德厚也；又圓者，太也，虛也，太者空也，空者法生，虛者無也，虛無之指，惟虛始能自容，惟虛能生實，虛者靜也，致虛極、守靜篤，動則萌也，靜動之中，兩儀生矣；又圓者，方之對也，「橫撐開放，光線茫茫謂之方，提抱含蓄，中藏生氣謂之圓」。河圖為圓，象徵天，洛書為方，象徵地。「天圓而地方」「圓而神，方以智」「不以規矩，不能成方圓」「能方圓者，體乎大方」，物理皆然。

「方圓」和「陰陽」一樣，是抽象符號，體現了原則性和靈活性及對立統一的辯證思想，是華夏民族心理和文化的高度概括。它們的共同特點是外圓內方，柔圓剛方，以方作圓，以圓作方，開合連環，亦圓亦方。小之則無內，大之則無外，深不可為下，高不可為蓋。

代表宇宙太極的圓，是存在於自然中最自然、最完善無缺的閉合曲線。因為它處處圓通，無有凹癟處，是最飽滿的圖形，它的延續是無限的，無端無緒，既沒有開始，又沒有終結，既是開始，又是終結，所以它又是最完善、最流暢、最婉轉、最含蓄的圖形。

古希臘哲學家畢達哥拉斯指出：「一切立體圖形中最美

的是球形，一切平面中最美的是圓形。」中國清代的張英
說：「天體至圓，萬物做到極精妙者，無不圓。聖人之至
德，古今之至文、法帖，以至一藝一術，必極圓而後登峰造
極。」東西方文明都注意到它耐人尋味、萬匯千狀的豐富的
文化內涵，並認為天運、道心之周流，四時季節之循環，物
質之不滅，能量之守恆，時間之永恆，皆由圓而生。《周
易‧繫辭》中說：「著之德，圓而神。」可以說，包括太極
文化在內的一切藝術都把圓視作臻於化境的高妙境界。

　　太極圖圓際中的 S 形膾波線，象徵平衡和諧的狀態，
是陰和陽，天和地的分界線。因此太極圖又代表著天、地、
人三才，或日、月、星三光，符合老子的「道生一，一生
二，二生三，三生萬物」的思想，是宇宙萬物的意象圖。S
形膾波線強化了太極圖旋轉的動勢、動態和動感，旋轉的動
勢構成了動態的美。

　　英國畫家荷迦斯曾說過：「S 形線最美，最吸引人，是
最富有魔力的線。」S 形曲線的美，在於它的動感、柔和清
純、虛涵靈動、舒展融貫、自然歡愉和超然優雅，它與圓的
妙合一體，相擁相抱迴旋不息，所構成的太極圖，表示陰陽
共處一體、互相生成、互相克制、互相轉化的太極合成體。
其形象似雙魚交尾，纏綿交接。

　　太極圖流傳的式樣有多種，其中影響較大的主要有以下
兩種。

　　圖 1 所示的太極圖為一種宏觀的宇宙運動模式，它的出
現較早，故稱「古太極圖」。在其周圍配上八卦，即成太極
八卦圖。它反映著陰陽對立，陰陽互根，陰陽消長，陰陽轉

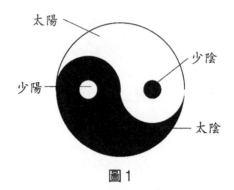

太陽

少陰

少陽

太陰

圖1

化，而這一切又都在積極的運動中體現出來，並展示出太極生兩儀、兩儀生四象、四象生八卦的發展過程。它的基本思想已在《易》中得以充分的體現。

　　另一種影響較大的太極圖是宋代著名學者周敦頤根據陳摶所傳的無極圖和道教的太極先天圖修訂而成，並作有《太極圖說》加以說明，人稱「無極圖」，如圖2所示。

　　太極圖詳盡描述了萬物生成、發展的過程及其內在規律，進入了量的階段，其中揭示人體內部的運動機制為太極拳的拳學理論奠定了基礎。

　　自古至今，對於太極圖來源的解釋，眾說紛紜。有說是我國上古時代伏羲氏所畫，有說是商末周文王紀昌所畫，有說是七千年前的新石器時代的彩陶紡輪紋樣演化而成，有說是古人看了黃河和洛水匯合處的清濁旋轉的旋渦啟發而成，有認為源於遠古人對自然各種事物的觀察，如螺殼的螺旋、風、水的旋渦，野草出芽時的旋轉狀，母腹中胎兒的蜷曲狀等等，這種盤旋結構是有生命活力的象徵。

　　太極圖分左旋和右旋，以右旋為主，如圖3所示。

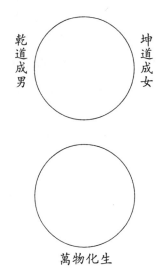

圖2

圖3

　　有學者認為，當前流行的太極圖始於宋代，經朱熹刊在《周易本義》上，才得以流傳至今。我們認為把太極文化、太極圖的產生，歸於牽強的歷史人物，還不如歸於自然，因為它源於自然，師法造化。歷來的學者及藝術家都無例外地把文化及其相關的藝術看成自然的一部分，只有投入自然，讓個人的品格和修養與自然達成相融的境界，用生命的貫注才能創造永恆不朽的文化藝術。太極文化及其相關的太極藝術自然也不例外。

　　「易」「太極」文化在民間的廣泛應用和流傳莫過於太極拳了。太極拳的問世，是順應自然的先驅。太極拳之所以叫太極拳，就是因為它的理論基礎是「太極學說」。清代王宗岳《太極拳論》曰：「太極者，無極而生，動靜之機，陰陽之母也。」《陳氏太極拳圖說》作者陳鑫說：「它理根太極，故名太極拳。」又說：太極拳是「以易為經，以禮為緯，出入於黃老」。

　　陳鑫在《太極拳推原解》中曰：「斯人父天母地，莫非太極陰陽之氣（言氣而理在其中），醞釀而生天地，固此理（言理而氣在其中），三教歸一，亦此理，即宇宙（太極是體，陰陽是體中之氣。四方上下曰『宇』，古今往來曰『宙』。）之萬事萬物，又何莫非此理。況拳之一藝，焉能外此理而另有一理，此拳之所以以『太極』名也。」

　　《觀經悟會法》曰：「太極者，非純功於《易經》，不能得也。以《易經》一書，必須朝夕悟在心內，會在身中，超以象外，得其寰中，人所不知，而己獨知之妙。」

　　可見，太極拳在長期的發展過程中，形成了一套獨特的

理論體系和行功原則，其命名體現了周易原理。故《太極歌》詠「太極原生無極中，渾元一氣感斯通。先天逆運隨機變，萬象包羅易理中」。

　　亦有不少太極研究者認為，太極拳與易理學說並沒有太多的關係。因至今沒有任何證據說明創始者是一位精通理學，熟讀周易或宋代周敦頤的太極圖說而創造太極拳的，也未見哪一位太極拳家同時也是周易與朱子理學的大學者。倒是大多學識程度並不高，而是靠勤學苦練的太極大家。也難怪歷來的拳學真經是一個「練」字。

　　太極拳的名號產生之前，先人習拳都從單招式開始，一式熟練後，再學下一招，並無一定的套路，直至師傳把各式教會，練至純熟後，把各式串聯起來，一氣呵成，就成了連貫的拳路。這樣的演練有別於單式，連綿不斷，滔滔不絕，因而相對於單式而稱為長拳。

　　正如《太極進退不已功》曰：「掤進捋退自然理，陰陽水火相既濟。先知四手得來真，採挒肘靠方可許。四隅從此演出來，十三勢架永無已，所以因之名長拳。」又正如抄本《太極拳秘譜》曰：「自己用功，一勢一式用成之後，合之為長，滔滔不斷，周而復始，所以名長拳也。」

　　而這種滔滔不絕的長拳其內容由掤、捋、擠、按、採、挒、肘、靠、進、退、顧、盼、定十三勢技法為基礎構成的，因而又稱「十三勢」。王宗岳《太極拳釋名》說：「太極拳一名『長拳』，又名『十三勢』。長拳者，如長江大海，滔滔不絕也。十三勢者，分掤、捋、擠、按、採、挒、肘、靠、進、退、顧、盼、定也。」

楊祿禪三進陳家溝學拳十八年，學到陳長興的真功夫，回到永年教拳，因拳軟綿，而稱之為「棉拳」或「粘綿拳」，亦未冠以「太極」而稱世。

清代咸豐、同治年間，楊祿禪應遠房親戚武汝清邀請去北京教拳，不斷有人慕名而來，與之結網較技，祿禪不時將對手拋起、射落於網。光緒帝的老師、大學士翁同和觀後同王公大臣曰：「楊進退神速，虛實莫測，身如猿猱，手如運球，猶太極之渾圓一體也。」並即題寫「手捧太極震環宇，胸懷絕技壓群英」聯句相贈。太極拳之一名始為大定，楊祿禪亦因此號「太極楊」而名震京華。有詩為證：「誰知豫北陳家技，卻賴冀南楊氏傳。」「往昔誰知太極拳，譚公（延闓）療疾始流傳。」

太極拳及太極拳之一名，自楊祿禪始才得以大定和流傳。當然，此也盡一說而已。

三、美兮太極

楊式太極拳是河北永年人楊福魁（祿禪，1799～1872）在陳式老架太極拳基礎上創立的，其後經其子楊健侯（1839～1917）、其孫楊澄甫（1883～1936）兩代人發展修訂定型，經傅鍾文（1903～1994）、陳微明（1881～1958）、田兆麟、董英傑、鄭曼青、李椿年（1894～1976）、崔立志（1892～1970）、楊守中（1910～1985）、楊振鐸（1926～）及沈壽（1930～）、趙安洲等一大批傑出的太極拳宗師和專家的發揚光大，使楊式太極拳的發展有了

更廣闊的天地，成為國內外流傳最廣的太極流派，被世人珍譽為健康之神。

在我國多若繁星的拳術之中，楊式太極拳可算是獨樹一幟、構思特異的拳種了。一百多年前，楊祿禪曾以此八門五步功法，以變幻無窮的三十七勢，交遍海內當時名流好手，號稱「楊無敵」而稱譽武林，使後來拳界提起楊式太極拳而無不肅然起敬。可見楊式太極拳不但拳理精闢巧妙，而且有非常強的技擊性。它既是拳術，又是藝術，亦是美學。

太極拳，特別是楊式太極拳，它一動無有不動，動則不離圓圈，動作走螺旋，折疊呈 S，運勁如抽絲，展蹙穿插，顧盼生姿，渾然天成，把太極圖演繹得淋漓盡致。它動中有靜靜猶動，靜中寓動動復靜。曰動曰靜，則分陰陽。陰陽互根，動靜互運；陰陽合德，動靜渾然。又則「靜而無靜，動而無動」，即靜之不能自有其靜，而無靜；動之不能自有其動，而無動。太極自然出神入化了。它那陰陽合德，動靜互根，情思繚繞，圓暢倜儻，迴旋不息，鬆、靜、穩、勻、緩、合、連的拳勢招式，使人聯想到生命的韻律。

它自然呈現的圓象動勢、動態和動感，是人的心靈與身體活動所呈現的體語美的和諧一致，正是我國傳統美學和西方現代美學所憧憬、所追求的。

培根說：「在美方面，相貌的美高於色澤的美，而秀雅合式的動作的美又高於相貌的美。」太極拳，特別是楊式太極拳的美，並不完全表現在它的外形動作和內在心靈，而在於心靈驅動下的形體動作的體語傳妙，流露著非凡的靜謐與沉思的氣質，顯露無限的美。讓後輩拳學穿透時空，追索前

輩太極拳家獨立而超拔的靈魂，體驗太極拳藝的靜穆肅整而又輕舒漫捲，姿肆沉穆而又圓切嚴峻的風格。讓人們在無聲的太極拳中去理解、體會和分享它的生命──美。

楊式太極拳首重德性、隆德尚禮、非遇甚困則不發的原則，完全符合我國人民溫柔、恭敬、謙讓的美德。《論語》講：「里仁為美。」孔子亦把「泰而不驕，威而不猛」作為五美之二。楊式太極的美在於它的心靈和形象，更在於它的道德美，這就是為什麼千百年來中國人可以學而不厭、孜孜追求、流傳不朽的根源，也是外國人如癡如醉、為之傾倒的原因。

楊式太極拳的心意美──楊式太極拳主張心純意正，倡導「敬以直內」。敬者，心靜思慎也，恭敬肅穆也，慎靜而專心致志也。心靜則意正，心平則氣順，心在先而身在後，心境閑怡，含而不露，淡遠平和。它毫無爭勇鬥狠之心，絕無矯揉造作之意，自然而然地使演練者沉浸在平和、純潔、誠樸、怡然自得的狀態之中，不知不覺地去粗糙、掃滯鈍、暢積鬱、緩急躁、化惆悵、除乖戾，陶冶性情，文明心靈。

楊式太極拳的功架美──楊式太極拳功架舒展簡潔，體勢工整，鬆朗莊偉，空靈圓融。

心、息、身協調運動，方法清晰，結構嚴謹，形隨意動，文雅端莊。四肢百骸，不動則已，動則不離方圓。動之則分，靜之則合。內氣長行不息，功勁如百煉鋼，含蘊於內，突發於外。拳勢如行雲流水，風曳楊柳，輕盈自然。似靜而微動，似動而難察，恰似春蠶吐絲，連綿不斷。氣如車輪，腰如車軸，如環無端，呼吸根蒂，氣沉丹田，無物無

我，身心兩忘，姿意捲舒，純任自然。使演練者在清雅綿長、奇妙細膩的弧形螺旋運動中，舒筋強骨，調氣和血，健體美形，以獨特的方式塑造美的活雕像。

楊式太極拳的神韻美——楊式太極拳神固韻匀。

微乎微，至於無形；神乎神，至於無聲。氣形諸外，而內持靜重；氣屯於內，而外現清和。被外國朋友描寫為「伴有深思，做起來周而復始的運動」。運動中「思索」，這就是神為主帥，身為驅使。體勢神情相銜，形質性靈融貫，動而有韻，則天機活潑，浩氣流行，節奏匀整；靜而有勢，則心動形隨，意發神傳，勢勢相承。楊式太極拳神定自若，守中氣，絕雜念，蓄眼神，凝耳韻。緩緩然，似雙手擎山；悠悠然，如溪中浣紗。有天地之凝重，有行雲之流動，有脫兔之快疾，有迅風之浩蕩，有游龍之舒暢。使演練者在外示安逸、內固精神、一派肅穆一片神行的走架中，體驗無窮的魅力，橫生意趣，益智健魄。

楊式太極拳的陰陽合德美——楊式太極拳動而生陽，展蹙穿插，輕靈飄逸，一動無有不動；靜而生陰，靜穆沉雄，鬆和圓渾，一靜無有不靜。陰陽合德，動靜開合，互根互推，練其形而傳其神，傳其神而達其意，達其意而先其心，以心行氣，以氣運身，神氣鼓蕩，內動導外動，外形合內動。勁由內換，內氣潛轉，源動腰脊，勁貫四梢，丹田吐力，功力老到。支撐八面而穩固厚重，八面轉換而輕靈圓活。陰陽相推，剛柔互運，虛實滲透，蓄發相變，奇正相生，動靜渾然，周身無處不太極。眼如秋水，體如春風，功勁似有若無，形影飄忽莫測，勁力乍隱乍現，貌似柔軟無

力，實則無堅不摧，乃陰陽合德、柔中寓剛、棉裏藏針之藝術也。

內之足以統領群藝、外之足以吸納文明的太極拳學，早以敞開觀照，滲透宇宙，經過歷代太極拳家思想的融合，精、神、心、意、志的貫注，其意義遠超越太極的靜相動象。深蘊於太極拳中真、善、美的回歸普照，是華夏藝術美的理想滲透，是歷代太極拳家「天地與我並生，萬物與我為一」的心靈美與形體美的和諧一致。

只有人的美的活動，才是無所為而為，不是被動地服從時代的環境需要，而是自己心甘情願，主動去活動的。在無所為而為的活動中，人才是自己的主人，才是自己心靈的主宰。這是因為美是愛，美是自由，美是理想，美是一切藝術的最高追求，而藝術美的追求，是給世界的一個希望。

這就是為什麼楊式太極拳的探索者，能超越時空，擯棄「武力文明」的外殼，找到太極拳學真髓的原因。

美兮——楊式太極拳。

四、太極觀照

歷代楊式太極拳探索者，用他們生命的貫注，創造、繼承、捍衛、發展了楊式太極拳藝。

著名太極拳家顧留馨逝世前三月，臥床為來訪者寫下了這樣一段話：「太極拳在中國流傳有三百餘年，河南溫縣陳家溝村人陳長興教了楊祿禪，經楊氏三代教學於北京，逐漸流傳到全國，今已遍及世界。顧留馨，1990 年 3 月 20 日於

上海寓所。」高度評價了楊氏三代對弘揚太極拳所作出的傑出貢獻。

　　陳鑫《咏太極拳五言俚語》曰：「太極理循環，相傳不計年。」李亦畬曰：「太極拳不知始自何人。」我們一直存疑，並且有理由臆斷，發展得如此成熟、如此完美無缺、有著深厚理論基礎、無瑕可擊的太極拳藝術產生，遠不止數百年的歷史，也不可能由年老殘喘的人憑《黃庭》一卷隨身伴、悶來時造拳創造出來的。

　　有哲者就曾指評：「孰不知所謂《黃庭經》者純屬引人巧思的觀想，這與《老子》的思想本意可謂是背道而馳的。若以《黃庭經》為宗旨而修功者，那所能進入的境界只能是魔境，修功者只能變成瘋人而非聖人。」

　　關於太極拳的創始和傳承，雖然我們一時或許永遠找不出確鑿完整的令人信服的證據，這正如我國和世界上的許多發明創造，無從完整尋覓它的歷史痕跡一樣，因為歷史的長河已將久遠的流傳痕跡蕩滌已盡，但無論如何都無法掩蓋它的光輝，抹煞它的意義。

　　實踐出真知，任何理論的產生大都離不開實踐——理論——再實踐——再理論總結的成熟過程，這是顛撲不破的真理。所以我們有理由確信，如此簡明、精到的太極圖，如此扼要、精闢的《太極拳論》，都無例外地產生於太極文化藝術（包括太極拳）的誕生之後，而不是它的實踐之前。所以我們又認為，尤其把太極圖、太極拳藝術等文化牽強地歸於歷史的某人所創，還不如歸結為人類對於自然現象和太極文化藝術的高度概括和總結。

　　將深刻而豐富的人生哲理和倫理寓於拳術之中，實在是太極文化對世界文化的偉大貢獻。正如王資鑫先生所說的：「太極拳從哲學角度看，歸根結底是一門哲拳，即是一門蘊含著深刻的辯證內涵和雋永的唯物主義思想的運動。」

　　太極拳以「天人合一或天人不二」之旨為宗。其言心、言神、言意、言志、言勁，皆所以言人，而恒歸於天；其言氣、言陰陽乾坤、言無極太極、言虛、言無，皆所以言天，而恒致用於人。二者感應施受，故外在天而不只在天，內在人而不僅在人。這與中國哲學道學思想完全吻合。

　　我們認為這種以中國特有的傳統哲學、道學為背景而建立的太極拳理論體系和拳技法術，才是真正的國術，把它稱為「內家」是非常貼切的。

　　太極拳法之學，非口傳心授，不得其精。蓋太極修練之道，「既是精神境界之修為，又更是一門以實踐為主的體驗性境界之修練。凡未經師傅實修，斷難入境，了知其間奧微」。故王宗岳《十三勢歌》曰：「入門引路須口授，功夫無息法自修。」又如陳鑫所說：「每一勢，往往數千言不能罄其妙，一經現身說法，甚覺容易。」他也主張「自當從良師，又宜訪高朋」呀。歷來傳授，崇尚師徒授受。何況，古往今來偽書偽論滿天飛，未臻之人，難辨真偽。故欲入門真修，必須投明師問路，以便登堂入室。

　　1944 年，第四代楊式太極拳傳人傅鍾文蒿目時艱，獨具匠心，痛民族正氣之消沉，思提倡民族之武術以振奮國民，於是年 10 月 1 日，假座上海淡水路豐裕里 96 號庭園成立了永年太極拳社。

拳社以「永年」命名，傅鍾文老師說有三層意思：

第一層是河北永年縣是楊式太極拳的發源地，自楊祿禪稱「楊無敵」始，傳子班侯、健侯、孫少侯、澄甫，胥名重當世。本人亦世居永年，飲水不忘源也。

第二層是因為習練太極拳能增強體質，延年益壽，推之可以壽世壽人。

第三層是體自強不息之意，持之以恆，發揚光大，樹民族體育運動百年之基。

1983 年，乘改革開放之風，在沈壽老師的倡導下，傅鍾文老師來信支持下，在原寧波楊式太極拳學習班的基礎上，在楊公澄甫誕生一百周年的日子裏，成立了全國第二家永年太極拳社。緊接著上海有嘉定、閔行，江蘇有徐州，安徽有淮南，福建有泉州，廣西有合浦，遼寧有大連，以及海外的澳洲、日本、新加坡、馬來西亞、泰國和香港地區等相繼成立了以「永年」為名的太極拳社。並於 1991 年，由傅鍾文老師的倡導和參與，經河北省政府批准，邯鄲地區行署在邯鄲召開了首屆河北永年國際太極聯誼會。

沈壽高興地說，這一切衍生賦予了「永年」的第四層意思，它更確切地表達了「永年太極拳」在各地落地、生根、開花、結果。「永年太極拳」開始走向世界，世界也開始走向「永年」。

楊式太極拳經過以楊祿禪、楊班侯、楊健侯、楊澄甫等為代表的楊家幾代人的發掘，特別是經過以傅鍾文、沈壽等為代表的「永年」人半個世紀餘的不懈努力，遍及了大江南北，走向了世界各地，「永年」成了各地各個楊式太極拳組

織的代名詞，「永年」代表了正宗的楊式太極拳，「永年」的光輝將照耀楊式太極拳愛好者的探索之路。

而傅、沈等導師則成了「探索之路」的最好的、最堅實的鋪路石，他們以自己一生所倡立、所貫徹、所實踐的「勤、恒、禮、誠」行為準則以及「誠毅」精神，已成了「永年」人的信念，已轉化成了「永年」人一種無私的奉獻精神，即由不懈的開展太極拳運動以促進祖國的現代化建設，為社會的精神文明和物質文明奉獻出自己的一份力量。

楊式太極以鬆靜為體，柔圓為用，以有形之外形，以有為之動作，而返無為之內動；以心行氣，以氣運身，脈脈相因，式式相應，勢勢相承，輕柔緩勻，渾元無間，於靜綿幽微中去體驗、激動內氣，以內動導外動，以修為無為自然之境界。一切自然而然，無為而為。拳勢能肇乎自然，自然既立，則陰陽生焉，陰陽既生，則變化出矣，形勢俱矣。功夫自然而修，功力自然而長，功法自然而生，功境自然而得。由著熟而漸悟懂勁，由懂勁而階及神明，此即功之三乘也。

《太極分文武三成解》曰：「乘者，成也。上乘即大成也；下乘，即小成也；中乘，即誠之者成也。」太極拳，著圓，得下乘；意圓，得中乘；神圓，得上乘。或說，「下乘之傳，因循執法；中乘之傳，圓通變法；上乘之傳，玄機活法」。或說：「學有所得，功居下乘；學有所悟，功居中乘；學無所得，功居上乘。」此「學無所得」指「由無所知而達無所不知，再由無所不知而臻無所知，能返其本，乃謂真知」，即謂「豁然貫通」矣。

而《太極分文武三成解》曰：「文修於內，武修於外。

體育內也，武事外也。其修法內外表裏，成功集大成，即上乘也。由體育之文而得武事之武，或於武事之武而得體育之文，即中乘也。然獨知體育不入武事而成者，或專武事不為體育而成者，即小成也。」

　　吳公圖南則認為：敵欲變而不得其變，敵欲攻而不得逞，敵欲逃而不得脫，斯為上乘，至於用一個勁兒能變動對方的一個勁兒為中乘，用一勢之得失分一手之勝負，則品斯下矣。可見太極拳以體合自然者為上乘。

　　技擊家萬籟聲則曰：「上乘功夫，赤白通紅；中乘功夫，黃皮筋瘦；下乘功夫，拙魯腫粗」，則從練家氣色，形體上去辨別了。

　　太極拳的真諦就是探求生命的本原，打破有形無形之桎梏，從而獲得軀體和精神的解放。一言以蔽之，得其意而忘其形，《天元入藥經》有云：「外忘其形，內養其神，是謂登真之路。」然而「豁然貫通」的境界，是一個時間漫長而跨度很大的過程，在「豁然貫通」的目標中，不僅僅是技巧或一般的拳藝觀念了，而是一定會染上很明顯的哲學觀、人生觀、社會觀等痕跡，沒有這些，太極拳藝是達不到一定的高度並具備強烈的藝術魅力的。

　　學練楊式太極拳的過程，是一個改造弱化後天，化力換勁，練勁積勁；開發強化先天，虛空心靈，澄心自濾，美化身心，回掘潛能，重新認識世界，認識人體，調整自我，達到「道法自然，天人合一」的過程。其中玄奧深藏，難以探求，它需要較強的領悟力與極其敏銳的理解力，更需要累月長年浸淫拳經，泛覽拳論，揣摩拳功，「勤、恒、禮、

誠」，才能使修練者對拳理、拳論、拳術、拳學有一個系統的瞭解、認識、掌握和繼承，瞭解它的淵源、理論、特長和弱點，掌握它的練法、技法及運用和改造的能力，才能達到通曉拳理的境界。

勤——傅鍾文老師說：「勤就是勤力、勤勉，力行不懈的意思。練拳主要靠勤力、靠吃苦和能得要領，此外別無秘訣和捷徑。要把功夫練到身上，特別是有志於提高技擊水準，練真功夫的人，就非勤力，非按要領『死練』不可。過去楊祿禪、楊班侯、楊澄甫等人識字都很少，完全是靠勤學苦練才練出真功夫的。太極拳是一門高超的藝術，經過入門引路口授身傳、懂得方法、掌握要領後，主要靠勤學苦練，才能攀登高峰。」

正如《太極拳學歌》所云：「勤苦實踐最為重，一日練就一日功。練與不練大不同，一日不練十日空。著熟懂勁顯神通，始信拳學不負儂。」

恒——太極拳功夫之難成，除失於法度外，多虧於勤恒。恒就是恒心，堅持不懈，持之以恆，堅持太極拳鍛鍊於累月長年的意思。古今聖賢豪傑之立德、立言、立功，沒有不得力於天曠日久、持之以恆的堅持。持其志，戒狂妄浮躁，戒好高鶩遠，斂浮氣而增定力，不為環境的利誘欲縈而輕易揚棄。世途崎嶇，豈能盡如人意，堅信路就在自己的腳下，只要有恒心毅力，自強不息，便會踏平荊棘，走上成功之路。太極拳之途困難特多，有恒心才能走下去，走得通才是好漢，才是成功人物。太極「神明」最高境界的獲得是離不開勤與恒的。

太極拳，說易不易，說難不難，難的不在於學功夫，難的在於追求超凡脫俗的太極境界，難的在於堅持，功夫屬於天曠日久、持之以恆的堅持者。可謂積功在於勤恆，大浪淘沙，一個「恆」字難倒了多少俊人彥士，淘汰了幾多英雄豪傑。

禮──禮簡單地說，禮就是禮義的意思。是人們相處應有之表現及規範。先聖孔子教訓有「恭而無禮則勞，慎而無禮則葸，勇而無禮則亂，直而無禮則絞」。故有所謂「非禮勿動，非禮勿視，非禮勿言，非禮勿聽」的規範。禮者理也，禮已不再侷限於小節的禮貌，只知細微小節之禮而不識大義之禮，有禮而無義為內涵者則為虛偽。義者宜也，情性節制，行為規矩，生活規範，凡事適宜，合乎節度即能達禮。可見禮由義而生，義為禮之本。練武習拳之人，禮為處世瑰寶。

誠──「夫誠者，敦厚也，專一也，老實也，無欺也，不隱也，不瞞也。善用其誠者，反璞歸淳」。「誠之一法，乃神室之基址，基址之為物，堅實敦厚，無物不載，神室成敗，皆在於此。」傅鍾文老師說：「誠就是真誠。人活著時，大家真誠相見，誠懇相待，這是人生最要緊的，也是最有意思的。」天由於誠而清明，地由於誠而寧靜，世上萬物由於誠而昌盛，誠為萬物之本。古人云：「誠者物之終始，不誠無物，是故君子誠之為貴。」又說：「精誠所至，金石為開。」所以習武者貴以真誠，須以誠為立身之本。持真誠，行正道，切勿等閒視之。拳以德立，無德無拳，沒有真誠，何來拳術，何來太極功夫。所以，永年太極拳社以

「勤、恒、禮、誠」為宗旨。

太極拳自陳長興傳楊祿禪，陳有本經陳清萍傳武禹襄（先得楊祿禪之拳藝大概），最後形成楊、吳、陳、孫、武五大門派，其傳遞簡表如表1所示。

任何流派的太極拳術，都應放在實踐中檢驗，適者生存、物競天擇的法則同樣適用於太極拳術，從表1可看出，太極拳在其發展過程中，既有繼承，又有創新。發展至今天，可謂已進入鼎盛時期。

《太極拳論》原注云：「此係武當山張三豐祖師遺論，欲天下豪傑延年益壽，不徒作技藝之末也。」王宗岳《十三勢歌》云：「詳推用意終何在，延年益壽不老春。」由此可見，正是太極拳延年益壽的價值觀，使傳統的五大門派太極拳，特別是楊式太極拳，得到前所未有的推廣和流傳，這是順應社會潮流，符合社會發展需要的結果。

五、（楊式）太極經義

（楊式）太極拳三十七勢之運行是奇正相生、剛柔互運、虛實滲透、動靜渾然、蓄發相變、互為陰陽、互為開合的。其實，天地間之萬物，各有其性，各司其職，各盡其能。

太極拳以形象體勢為形質，以意態神情（韻）為性靈。有形象體勢而無意態神情者則枯澀，有意態神情而無形象體勢者則浮滑。無形象體勢無意態神情者妄，形象體勢意態神情相左者荒。形象意態、體勢神情相輔，則形質與性靈融

表 1　太極拳傳遞簡表

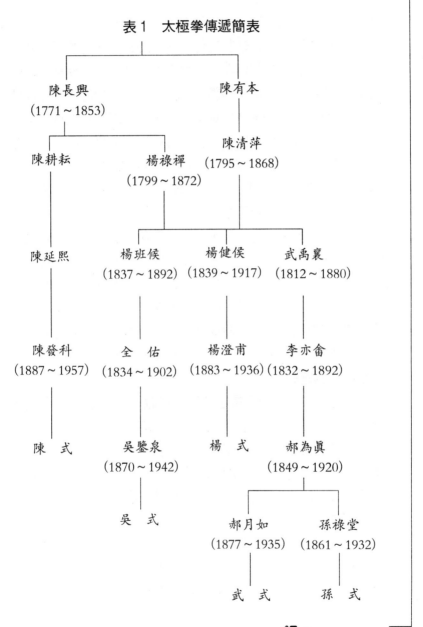

陳長興
(1771～1853)

陳有本

陳耕耘

楊祿禪
(1799～1872)

陳清萍
(1795～1868)

陳延熙

楊班侯
(1837～1892)

楊健侯
(1839～1917)

武禹襄
(1812～1880)

陳發科
(1887～1957)

全　佑
(1834～1902)

楊澄甫
(1883～1936)

李亦畬
(1832～1892)

陳　式

吳鑒泉
(1870～1942)

楊　式

郝為眞
(1849～1920)

吳　式

郝月如
(1877～1935)

孫祿堂
(1861～1932)

武　式

孫　式

貫，精、氣、魂、魄、神、韻充實，行拳自然如行雲流水。

太極拳取象，宜參其變化，明其展蹙穿插之妙理。蹙以求其結密，展以求其婀娜，穿插求其呼應。使太極拳勢顧盼生姿，渾然天成，以合形體之妙用。因而演練之時，除應注意形象體勢外，更應注意神情意態，意注神態，則得其動靜開合之勢；得其勢，則得其吞吐蓄發之象；得其象，則得其虛實方圓之韻；得其韻，則得其陰陽剛柔之勁。勢、象、韻、勁兼得，則得其神。形神兼備，則意趣橫生；魂魄俱矣，則奇妙無窮，走架行拳自然一派生氣。

天有三寶日、月、星，人有三寶精、氣、神。拳諺說：「外練筋、皮、骨，內練精、氣、神。」太極拳則進行志、意、神、筋、勁、骨、精、氣的全面鍛鍊。南方少林五拳——龍、虎、豹、蛇、鶴拳各主練神、骨、力、氣、精。似有其相類之處，但太極拳除神、骨、勁、氣、精之外，尚有志、意、筋三個方面，說明太極拳更加全面、更加注重心理意志的鍛鍊。

身心之在，古哲謂之形神，俗說「意自形生，形隨意轉」。張景岳說：「形者，神之本；神者，形之用。無神則形不可活，無形則神無以生。」意者，憶也；神者，神、魂、魄、意、志、思、慮、智也，即心也。古人云：「靈明知覺之謂神」，說明意、神皆是精神意識，形者，體形也，是形體物質。

即是說，人是身體與心神共融之共稱，是精神與物質之統一體。心神因身體之形而顯現，形體被心神所制禦。拳諺說的「天君泰然，百體靈動」就寓此義。心神和形體是互為

依存之整體，同生死，共存亡。

　　換句話說，人的意識是從有形之體產生的，而練功的形體，是聽命於意識的指揮而轉換變化的，它完全遵循物質第一性，意識第二性的辯證唯物主義哲學的基本觀點。太極拳有正確的哲學理論為先導，倡導「天人合一」返本歸真，恢復人之為人的天然本性，主張神中合形、形中寓神，神形兼備，尤其重視精神和心理意志的培養與訓練，這是世界上任何拳種所無法企及的，也正是太極拳的難能可貴之處。

　　為了更好地理解太極拳，將有關經義術語詮解如下。

（一）太極陰陽解

　　「陰陽」是我國古代哲學樸素辯證法中的符號。陰爻的符號為--（據學者研究，陰爻的符號原為ㄐㄥ）陽爻的符號為—。陰陽學說是我國古代的一種自然觀，它具有樸素的唯物論和辯證法思想。

　　陰和陽這一基本的哲學範疇，是中國古人對一切物質存在的方式，即生、變運動的高度概括，在古人看來，天地萬物之生成發展都是陰陽交感的結果。

　　中國自古所謂的陰陽，原不是神秘抽象的玄學，而是對宇宙秩序與混沌間的一種領悟，陽是創造與秩序，陰是順承與混沌，秩序中總會有混沌的可能，混沌又可凝合而成秩序，也就是說序可化為非序，非序中又有序，此即為秩序與混沌的變化，亦即陰陽的變化、相生與相成。

　　在西方文化把客觀世界認識得越來越繁雜紊亂的時候，陰陽相生的運動觀，為人們提供了開啟世界、解釋宇宙萬物

的簡單方便的鑰匙。其基本內容為：

1. 陰陽的對立

指自然界的一切事物都存在相反的兩種屬性。古人用太陰水☵和太陽火☲作為其基本性質的象徵。俗說「水火不相容」是也。

2. 陰陽的互根

指陰陽的對立統一，互相依存，「陰陽既濟，互為生化，陰陽合德」之謂也。「陰賴陽以化，陽賴陰以成」。「陰之與陽，異名同類，化分為二，合之則一，分之而致萬有，合之自歸一無」。

王宗岳在《太極拳論》中說的「欲避此病（雙重為病），須知陰陽。黏即是走，走即是黏。陰不離陽，陽不離陰；陰陽相濟，方為懂勁」，就是把對立而互相依存的局部力量統一起來成為一整體的力量——整勁。

3. 陰陽的消長

指陰陽的平衡是相對的，一方的消長、變化、消亡、不足，就必然影響到另一方，引起另一方的滋長、旺盛；反之亦然。邵雍說的「天生於動，地生於靜，動之始則陽生，運之極則陰生，靜之始則柔生，靜之極則剛生」，即此義也。

4. 陰陽的轉化

指陰陽兩方面發展到一定程度，可以向其對立的方面轉化。「陰之與陽，惟極乃復，陽極則陰，陰極反陽。陽者陰之生也，陰者陽之化也，陰陽互為其宅，相與體用。」朱熹曰：「太極分開，只是兩個陰陽，陰氣流行則為陽，陽氣凝聚則為陰。」陰陽之二氣，實則太極之一氣耳。

太極拳最深奧神秘之處就在於陰陽動靜。所以有「一陰一陽之為道」的說法，它概括地體現了中國五千多年的哲學和拳學，同樣也反映了拳家的學養、性情、氣質、風貌諸方面的千差萬別，然而要洞察這微妙的千差萬別，卻要獨具慧眼。太極的陰和陽，分別同陰卦和陽卦相合。在走架行拳的外形上，典型以「手」為例進行劃分，凡掌心向外、向前或向上者為陽，反之，掌背向前或向上者為陰。

若以經絡學說的「手六經」來分陰陽，則以手厥心包經的勞宮穴位（在掌中央部位）為參照。凡「勞宮」向裏或向下者為陰；反之，則為陽。其他類推，陰陽相生的運動規則如表2所示。

表2　陰陽相生的運動規則

陰	吸	柔	虛	蓄	合	升	退	屈	起	奇	吞	輕	迂	弛	收	靜	守	圓	內	入	待
陽	呼	剛	實	發	開	降	進	伸	落	正	吐	沉	直	張	放	動	攻	方	外	出	對

陰陽中含相對相反之義的柔剛、虛實、蓄發、開合、奇正、吞吐、屈伸於其間，而未嘗失其所以為太和。自然界之陰陽，日月相推而明成焉，寒暑相推而歲成焉。太極拳剛柔相推而變化生焉。變化者，吞吐蓄發之象也，動靜開合之勢也，虛實方圓之韻也，拳權剛柔之勁也。虛實滲透、奇正相生、蓄發相變、剛柔相濟、動靜渾然、陰陽合德，則變幻莫測而通靈，太極成神明焉。

（二）太極剛柔解

《周易說卦》稱「立天之道，曰陰曰陽；立地之道，曰

柔曰剛；立人之道，曰仁曰義」。剛者，強、健、果斷、壯盛、銳氣、利器和強志以不屈不撓也；柔者，剛之相對也，順、和也，周行貫串圓轉而綿延也。剛柔是事物的體質，是事物對立的兩種屬性。事物柔與剛的性質，從屬於陰陽自然觀即宇宙觀的範疇，「剛柔相推，而生變化」完全符合陰陽相生的運動觀，因而生發種種剛柔變化之特徵：

1.剛柔相應，表示該兩種力量處於合作之狀態。

2.剛柔相勝，表示該兩種力量相互克制，即以柔克剛或以剛克柔。

3.剛柔相乘，表示該兩種力量相互依存，即柔從剛，剛乘柔，剛柔互承。

4.剛柔得中，表示該兩種力量互相滲透，相輔相成而一統，即剛柔互運，剛柔相濟，剛柔渾然。

楊家家傳古典手抄《太極下乘武事解》曰：「太極之武事，外操柔軟，內含堅剛，而求柔軟，柔軟之於外，久而久之，自得內之堅剛。非有心之堅剛，實有心之柔軟也。所難者，內要含蓄堅剛而不施，外終柔軟而迎敵，以柔軟而應堅剛，使堅剛盡化無有矣！其功何以得乎，要非沾黏連隨已成，自得運動知覺，方為懂勁，而後神而明之，化境極矣！夫四兩撥千斤之妙，功不及化境將何以能，是所謂懂沾連，得其視聽輕靈之巧耳。」

本篇之論，說明太極拳之運動惟剛與柔，柔剛相對、相輔、相成而成統一。陳長興《太極拳十大要論‧一理第一》曰：「夫太極拳者，千變萬化，無往非勁。勢雖不侔，而勁歸於一。」《剛柔第十》曰：「夫拳術之為用，氣與勢而已

矣！然而氣有強弱，勢分剛柔。氣強者取乎勢之剛，氣弱者取乎勢之柔。剛者以千鈞之力而扼百鈞，柔者以百鈞之力而破千鈞。尚力尚巧，剛柔之所以分也！然剛柔既分，而發用亦自有別。四肢發動，氣行諸外而內持靜重，剛勢也；氣屯於內而外現輕和，柔勢也。」

說明太極拳剛柔之性質主要反映在氣勢、勁力上。勢之柔者，善隨機而變，隨勢而化，隨形而體，隨神而應；勁之剛者，善隨機而催，隨勢而乘，隨形而用，隨神而謀，各擅所長。故剛柔不可偏用，用剛不可無柔，無柔則環繞不速；用柔不可無剛，無剛則催逼不捷。剛柔相濟，則沾黏連隨，極盡其能；剛柔渾然，則騰（挪）、閃（賺）、折（疊）、（引進落）空、掤、捋、擠、按、採、挒、肘、靠無不盡得其自然矣。

楊式拳訣有「有意放鬆，無意成剛」之說，說明太極拳的練法，由靜入手，由鬆入柔，以至著熟，是為初階；積柔成剛，剛柔互運，以至剛柔既濟和合，漸悟懂勁，是為中階；剛復歸柔，剛柔渾然，知纏綿而進取，知依隨而退守，繾綣捲舒，旋繞環化，皆成自然，極柔軟然後極堅剛，蓄發相變，奇正相生，陰陽合德，神氣因應，神而明之而階及神明，是為高階，亦即上乘。然而上乘神明境界之階及，斷斷是離不開勤、恆、禮、誠的。這就是王宗岳《太極拳論》所說的「由著熟而漸悟懂勁，由懂勁而階及神明。然非用力之久，不能豁然貫通焉」。

中國拳術在實戰中表現出來的內外統一和相合，可概括為「氣聚則剛、氣散則柔」八字。太極拳內持靜重，外現清

和，純以神行，尚鬆靜，崇柔弱，全身意思，皆用精神。這是因為自然之規律是「剛強者死之徒，柔弱者生之徒」，以及柔弱自然者常勝之道、順應機勢之道、康壽矯健之道和太極入門及神明之道。

清玄散人說：「所謂柔者乃鬆柔嫻靜之柔，自然柔弱之弱，柔和柔潤之柔，輕柔運化之柔，柔和氣血之柔。」「柔弱之施於旋繞，先天之勁力所以滋生；柔弱之施於鬆長，後天之技巧所以契神，決遠者原須柔弱之鬆長而為要妙之技，破近者當靠柔弱之旋轉而作環化之資。」歷代智慧較高的太極拳宗師都憑藉柔緩而去粗糙，戒急躁；慎舉動而化惆悵，除乖戾，和性情；務鎮靜而斂浮氣，增定力，富思考。從緩慢勻穩中理解、消化拳理，理解、體驗人生；在鬆柔、靜穆中不知不覺增加內勁，提升功力。

繫辭說：「剛柔者，立本者也；變通者，趣事者也。」陳鑫曰：「太極者，剛柔兼至，而渾於無跡之謂也。」楊澄甫老師說：「太極拳，乃柔中寓剛，棉裏藏針之藝術。」

就太極拳來說，剛柔乃其根本，為了趨合時宜，順應形勢，剛柔是會變通的，剛柔相摩，八卦相蕩，相推諧合一體反覆變化轉換，勁力的演繹就千變萬化，生生不息。伴隨著剛柔成分的不停調節和千變萬化，從而演繹出千姿百態的拳械招勢。所以，拳械招勢只能是內勁剛柔推演變化的結果，而不是人為編排的產物。故說「拳者，權也，所以權物而知其輕重者也」。

老子崇尚「懦弱謙下為本」，之所以尚此收斂凝聚，歸於柔弱之教，正本於「柔弱者生之徒，剛強者死之徒」的宇

宙自然規律。宇宙自然規律雖曰「萬物之功能發用放散至極，將不復存在，亦未嘗禁止萬物之處處以收斂凝聚為事，抱其陰而負其陽，知其雄而守雌。

於自然之生命，雖必經生、壯、老死之歷程，而人能收斂凝聚精神和生命力量，使其減速達於壯老之境，此即為長生久視之道」，然而太極拳乃是主自然而論天道之無極太極，主靜柔而立人極於人道，乃中華民族無私奉獻給世界最卓效的長生久視的修練方式。

（三）太極動靜解

變易物體之位置或動體進行之方向曰動，保存或維持其固有之位置或方向曰靜。動有機而靜有勢。機者，朕兆、動機，動而未形有無之間者也；勢者、形態、靜勢，靜而已形無有之趨者也。

太極拳動時存靜勢，靜時寓動機，靜而與陰同德，動而與陽同波。動靜互為其根，以靜而成勢，以動而成機，機中有勢，勢中成機，機勢難分，此太極拳之妙也。

古書云：「靜屬陰，動屬陽。世上萬物，孤陰不生，獨陽不長，偏陰偏陽謂之疾，一陰一陽謂之道。」即是說，動靜即是陰陽，陰陽即是動靜。靜以生陰，動以生陽，陰陽合德，動靜均衡，萬物才能生長發育。只靜不動，或只動不靜，都是一種病態，動靜合一，才是事物發展的自然規律。動靜結合的修練養生之法，早在秦漢時期已初步奠定，但其理論則是在明清才始確立。

王宗岳拳論說：「太極者無極而生，動靜之機，陰陽之

母也。」這裏進一步說明太極拳非只是動靜，而是動靜產生之機；太極拳豈止是陰陽，而是陰陽發生之母。它是無為而無不為這樣一個對立統一的系統。

清代李亦畬太極拳論《五字訣》說：「一曰心靜，心不靜則不專，一舉手前後左右全無定向，故要心靜。」這裏一舉手前的靜勢就是無為，正因為它是無為，所以又無所不為。這猶如挽起強弓硬弩，引而不發，足具張力，出氣勢，是最有威懾力的。因為靜之為靜，靜亦動也；動之為動，動亦靜也。動靜互根，動靜互運，無法限制各個方向的變化可能性，它可以根據進擊者的具體情況，向任何有利於己而不利於彼的方向而動。這個舉手後的動機，就是無所不為，故周身皆太極也。

出手後分陰陽，即分出方向，這時在某一方向上有為，恰恰對應著其他所有方向上無為。要想在其他方向上有為，必須把原方向上的有為變為無為，即先停下來，而後改變方向，才能在其他一個方向上有為。

這種動靜之間矛盾不斷變化的辯證統一過程，就是太極拳運動。太極拳原本由無為而起，其法自有為而修。即由靜而起，生動而練，歸靜而養，修練在其中，此為太極拳修練之不二法門，即道也。

太極拳運動中靜與動有兩個方面：靜為勢為本，在相對的靜止狀態中，靜止是運動的特殊形式，是「動之復歸」，即所謂動中靜是謂真靜；而動則為態為用，在相對運動的狀態中，動是靜止的萌化，即所謂靜中動是謂真動。

靜動勢態是不可分割的，靜動體用是合一的，靜中以求

得動之機變之態，動中以求得靜之隨應之勢。動中處靜，靜中寓動，相連不斷，循環不息。

正如《太極拳釋義》中所云：「夫動靜無端，陰陽無始，太極者，其樞紐機關而已。太極拳當行功時，中心泰然，抱元守一，未嘗不靜，及其靜也，神明不測，有觸即發，未嘗無動。於動時存靜意，於靜中寓動機，一動一靜，互為其根。合乎自然，此太極拳術之所以妙也。」

我們既要認識到動靜轉化的必然性，又要主動地掌握和利用這種轉化的規律。靜動勢態是互為因果的。我們常說動中處靜，就是說動是因，靜是果；動是手段，靜是目的，就是動中靜而守本。又說靜中求動，則靜是因，動是果；靜是手段，動是目的，即是靜中動而致用。我們既須知曉牽一髮而動全身，更須把握靜一心而鎮全局。太極拳的動靜觀，即運動觀，就是互為因果的辯證法。

太極拳是一種使整個身心與宇宙融為一體的修練方式，這種方式的主旨在於寧定鬆靜自然。太極拳術倡導敬以直內。敬者，心靜也，思慎也，恭敬肅穆也，慎靜而專心致志，守我之靜，禦人之動之謂也；直者，自然、中和也；內者乃依身之精氣神也，外者乃器界之體也。認為不論心理上的冷靜和焦躁，身形上的安逸與慌亂，攻守上的沉著與盲目，其內外必然相通，並存在一定的自然法則規律。所以把以靜禦動、動中處靜作為要領來訓練，就在於意存動之先，先在心而後在身，即神為主帥，身為驅使。經過身心結合和因敵變化的長期訓練及競技實踐，才能「動也靈妙，莫可推測；靜也肅穆，莫可撼移」，才能逐漸臻及隨意而動、隨心

而靜和心手兩忘、純任自然，以及反璞歸真的超自然神明境界，即所謂有形有意都是假，拳到無心始作真。

其實不只是太極拳強調「靜」，其他拳械也莫不如此，如戚繼光在《紀效新書》中談到楊家槍法時說：「又貴於靜也，靜則心不妄動而處之裕如，變化莫測，神化無窮。」這也可以說是武藝的共同法則了。我們不得不佩服古老的太極拳術，早已把「靜」字訣放在首位，倡導腦居靜為貴，主張心純意正，注意心理意志的培養和訓練，這本身就是一種超越太極拳技術本身的博大的太極精神。

太極拳不根於虛靜者，即是旁門左道。《七部要語》曰：「神靜而心和，心和而形全；神躁則心蕩，心蕩則形傷。欲全其形，先在理神。故恬和養神以安於內，清虛棲心不誘於外也。」唯能虛靜，而可致精神的自由。

正如愛因斯坦所說：「這種精神上的自由在於思想上不受權威和社會偏見的束縛，也不受一般違背哲理的常規和習慣的束縛。這種內心自由是大自然難得賦予的一種禮物，也是值得個人追求的一個目標。」

所以太極拳之修為，以虛靜為本，自必要求身心內外寧靜虛無，靜定久之自然功勁中和，動之則分，靜之則合，分合變化，無不自如也。

拳諺說：「沉著為拳藝之本。」一個人在掌握競技技術後，臨陣忘法的事情是常見的。競技不夠沉著鎮靜，怯敵、焦躁、被激怒、求速勝、受干擾、輕敵大意等等不一而足。總之，心意一趨紊亂，氣血便易上浮，動作姿勢也就變形，技術走樣，這時只有招架之功，而無還手之力，難以發揮應

有的技術水準。

　　這固然與競技經驗有關，但主要還是意志、心理等素質問題。所以，太極拳將「靜」字訣放在首位，特別注重一個「靜」字。俗說「無念神自清，清而心意定」，心靜神定才能體鬆、氣沉、神凝，才能體現太極拳古拙凝練、醇厚淵源的風貌，「息心靜氣，乃得渾厚」是也。所謂「泰山倒吾側，東海傾吾前，心君本泰然，處之若平素」，這無疑是意志力的一種表現。

　　太極拳把心理意志訓練作為拳藝訓練的一個有機組成部分，並賦予它相對的獨立性，這是它的高明之處。平素多強調「有人若無人」的訓練，則在競技時自然「藝高人膽大」，才能最大限度地發揮拳藝水準。反之，平素藝高，臨陣膽怯，這也不是絕無僅有的事情。

　　常言「天君泰然，百體從令」。為此太極拳就講究心境寧靜，心如止水。心無罣礙，心境寧靜則自然能使清輕上浮，渣滓沉降，久而明心見性，改變氣質，逐漸化解為柔和，則使肢體鬆沉，柔體如春風，則感覺自然靈敏。心君指揮若定，百骸協調運動。這樣方能以我之靜禦人之動，在對方的活動中尋找機勢，乘隙進攻、搶攻或反攻，從而比較容易得手。拳諺說：「腦居靜為貴。」它表現在競技外觀上是不慌不忙，從容不迫，緩急相宜，緩而不滯，快而不澀，虛實滲透，攻守得體；表現在心理上是不慍不怒，謹剛慎柔，心平如鏡，靜觀其變。也就是說，內則一心，外則一身，動靜在心，分合在形。動之則分，靜之則合；動之則分陰分陽、兩儀立焉，靜之則合太極、動靜渾然、沖漠無朕，陰陽

之理悉具其中矣。

由此可見,「動靜」二字不僅僅是指身心肢體的運動與靜止狀態,它已構成了太極拳的總體。動靜合練,外練內養,動靜互相因應,動靜合一,就可達到技擊、健身、療疾、益智、發掘身體潛能的目的。

楊氏嫡傳董公英傑《太極拳釋義》曰:「凡練太極,心意一動則分發四肢。太極生兩儀、四象、八卦、九宮,即掤、捋、擠、按、採、挒、肘、靠、中定也。靜則返本還元,復歸無極,心神合一,滿身空空洞洞,稍有接觸即能知覺。」董公所說之動與靜,皆指身心也,尤指心也。

明·高濂《遵生八箋》云:「靜中有無限妙理。」「心本可靜,事觸而動。」又云:「心靜可以通乎神明。」然有拳家說:「太極拳只要體靜,不要求心靜。」「練太極拳要注意許多要領,因此,不可能心靜。」又說:《太極拳譜》中就不曾有「心靜」的要求。

正如我國著名太極拳家沈壽老師說:「這話近乎奇談怪論,頗令人莫測高深。心不靜,體何能靜呢?清·武禹襄所說的『神舒體靜,刻刻在心。切記一動無有不動,一靜無有不靜』。這裏『體靜』二字,正是心靜支配下內外統一的『靜』。試想心亂而體猶能靜,這在走架過程中尚且無法做到,那就不必說技擊實踐中的『以靜禦動』了。」

至於拳譜中談到「心靜」的地方,實在是極多的。

如《張三豐行功坐功長生秘訣·學太極需斂神聚氣論》曰:「若心不能安,性即擾之,氣不得聚,神必亂之。心性不相接,神氣不相交,則全體之四體百脈,莫不盡死,雖依

勢作用，法無效也。」

如清・李亦畬所輯《廉讓堂本太極拳譜》所收之武禹襄《太極拳解》說：「身雖動，心貴靜；氣須斂，神宜舒。心為令，氣為旗；神為主帥，身為驅使。」

又如楊氏家藏抄本《三十七周身大用論》曰：「一要性心與意靜，自然無處不輕靈。」李亦畬《五字訣》則開門見山地說「一曰心靜」，並解釋道：「心不靜則不專，一舉手前後左右全無定向，故要心靜。」心不靜，身自散亂，自立尚且不穩，又如何能打好太極拳呢？

總之，心靜與神舒體靜是身心內外的真正統一體，至於個人能做到什麼程度，惟在個人自為耳！

李公雅軒說：「太極拳是動靜相配的，身心兼修的，而不是只講身不講心。心者是修內的，身者是練外的。修心須要靜，修身須要動，動靜參半，身心兼修，這比和尚道士只是靜坐和其他硬拳只知操練筋骨肌肉要好得多，此太極拳所以貴重也。」

董公英傑《太極拳釋義》一書中亦指出：「平時用功，練十三勢時，用心使氣，緩緩流行於骨肉之間，意為嚮導氣隨行。練拳姿勢要沉舒，心意要貴靜，心不靜不能沉著，不能沉著則氣不能收斂入骨，即是外勁非內勁矣。練太極拳須能收斂入骨，此真正太極也。」

可見先輩已把心靜支配下的動靜統一，提高到是否「真正太極」的高度。斯真言也。

以鬆靜為體、柔圓為用之太極功架雖以靜為本，以靜為體，然其立足點卻在於動，以動為用。心體虛靜不昧，其用

鑒照不遺。使太極拳修練者在鬆、靜、穩、勻、緩、合、連，不用後天拙力的太極動式中，逐漸感知動式中的靜力，復從靜力之中而覺知內勁，再由勁路而得悟內運之氣脈，從而由外動有為而階及內動無為之神明境界。無論是心靜抑或體靜，都是為了更好地動。

王宗岳《十三勢歌》曰：「靜中觸動動猶靜，因敵變化示神奇。」觸者，觸發也，靜觸而動發，斯謂靜中寓動也。定靜似靜而非靜，其中氣勢騰挪，時刻準備著轉為由外而內、由假而真的更高級的動，動極而靜，由動歸靜，是謂「動中之靜為真靜」也。

古人說的「修靈根而動其心者武道也」，就是要求太極拳修練者在身心入靜的基礎上進行各種適當的意念活動。「拳技之道尚精神」，它和佛的禪功、道家的道功、儒家的氣功所追求的寂滅、四大皆空等並不完全相同，而是有很大的差異。因而太極拳把動靜、虛實、陰陽合德，也即它們的統一體稱之為無極，決不能把它理解為一種虛無思想。

這就同高等數學的「零矢量」一樣，它決不是無。正因為這個零矢量是所有矢量的發端，它才能有資格和所有的非零矢量相對立。所以零矢量包含了更豐富的內容。

太極拳把動靜、虛實、陰陽的對立統一體稱之為「無極」也正是這個道理。因為這種矛盾的雙方既是相互鬥爭、制約，又相互依存而共處於一個系統中的對立統一關係，是理解太極拳的總綱。

「統一物之分解為兩個部分以及對於矛盾各部分的認識，是辯證法的實質」。我們用這一辯證法來理解太極拳的

動靜、開合、虛實、剛柔、陰陽等等，一切迎刃而解。這一理論也完全適合於廣義的其他內家拳。因此，我們絕對不可把佛、道、儒中靜修的那一套特殊內容勉強銜接到太極拳等形動動功上去，否則就大錯特錯了。

吳式太極拳傳人吳英華、馬岳梁在《正宗吳式太極拳》一書中說：「衡量『靜』的標準，在於呼吸平穩深長，動作輕靈貫串，身舒意展自然。呼吸平穩深長，就能氣沉丹田，是身靜；動作輕靈貫串，是心靜；身舒意展自然，是意靜。這三個靜，以意靜為最高階段。」太極修練者若能悟得動靜相須之道，自必事半功倍，早得功境覺受。望太極修練者明鑒，於動靜之中尋求太極之益。

太極拳內外一氣，動靜一源，體用一道，所以，以靜為體，以動為用，以靜為旨，以靜為貴。靜則為性，動則為意，妙用則為神。功夫既深，心地明徹，泰然自適，不特雜念無由而生，即自己之軀殼，亦可置諸度外，而臻於物我俱忘之境。

老子云：「致虛極，守靜篤，萬物並作，吾以觀其復。」又云：「人能常清靜，天地悉皆歸。」可知太極拳道之修練者，不到至清至靜之地，而天心不復，拳道難成。只有致虛極，守靜篤，靜到極點才能找到生命的根源，回歸生命的根本。這是因為虛極則靜，靜極則應，常靜常應之謂靈，能虛靈則能追攝先天，大道成矣。

根據趙安洲老師的看法，太極拳的靜有平靜、安靜、寧靜、定靜、真靜、虛靜、靈靜之說，反映了太極修練者調身、調心入靜的層次和境界。當入靜到極佳的境界，客觀上

達到了以靜節能、以靜制動，靜以生慧的目的，為延長壽命、健體防病、強身禦敵、修正人心、發掘潛能創造了條件。如果人們能清醒地認識到這些，一切從靜之根本著眼，則太極拳道近也。

太極拳若心境不能寧靜虛無，則形體如何鬆柔圓活；形體不能鬆柔圓活，則神韻安能莊穆定勻；神韻不能莊穆定勻，則氣息如何中和勻沉；氣息不能中和勻沉，則意念如何虛遠專致；意念不能虛遠專致，則勁力如何整衡渾元。所以太極拳雖為動架而務須主靜，行拳走架全神貫注，心靜膽定，氣息綿沉，神固韻勻。如此方能「靜如山嶽」而「動若江河」，大氣磅礴，氣象萬千也。

(四) 太極虛實解

關於虛實，王宗岳《十三勢歌》曰：「變轉虛實須留意。」楊式太極拳泰斗楊澄甫老師說：「太極拳以分虛實為第一義。」陳鑫說：「開合虛實，即為拳經。」太極名家董英傑先生在《太極拳釋義》中說：「全部太極拳之精華奧妙，盡在虛實二字之運用。」《牛連元轉授之楊氏九訣‧虛實訣》歌曰：「練拳不諳虛實理，枉費功夫終無成。」又拳諺云：「虛實剛柔之謂拳。」

由此可見虛實範疇的體現，就是太極拳經拳術的基本點。虛實即陰陽變化，有變化方能生技巧，有技巧乃可以言拳術，倘虛實不分，則成孤陰獨陽，無生長變化可言，更無能變技巧之術。所以，從某種意義上說，不諳虛實或不懂得分虛實，即不明陰陽、動靜、剛柔和不懂勁，就等於不懂太

極拳。

虛實者，變化之消息，轉換之機樞，謀略之法則，勝負之拳權，太極之本然。

虛者空也，惟空始能容，惟虛能生實；虛者偽也，偽能隱藏，虛籠詐誘，機關轉矣；虛者無也，無者終也，終而含始，往復始終；虛者靜也，虛極靜篤，反璞歸真，合太極也。

實者充也，惟實至虛生；實者真也，返歸渾樸，培固本元；實者有也，有者始也，始極而終，終始隨也；實者動也，動而生機，神活機變，分陰陽也。

可見虛實之對待即是陰陽、動靜、柔剛、始終和太極。太極渾然一氣，湛然混沌，陰陽互蘊，肇示兩儀，孕化四象，彌漫於六合，充滿於九州，宇宙間萬物皆存虛實。

《黃帝內經》曰：「自古通天者，生之本，本於陰陽；天地之間，六合之內，其氣九州，九竅、五藏、十二節，皆通乎天氣。」《黃帝內經‧素問‧寶命全形論》曰：人，「以天地之氣生，四時之法成」。這就是「生之本，本於陰陽」，其氣外通「天地之間，六合之內」，充滿「九州」，內連「九竅，五藏，十二節」，內外一氣化成，渾圓一體，所以，人即是天，天即是人，「天人合一」是也。

而《易經》亦提出模擬宇宙論的人體生命哲學，認為人體為一小天地，也就是一個小宇宙。人體這個小宇宙和天地大宇宙有著同一本體，同一運行規律，同一生成程式。

這一思想，既是適應「變易」，無時不在變化的環境而提出來的，又讓人們更自覺地去適應「變易」的環境，這也

就是人類服從大自然選擇的根本原因，因為人是大自然的組成部分，是大自然的產物之一，人與自然息息相關，天、地、人渾然一體。「天人合一」的思想正是建立在這一基礎上的。

「天人合一」觀念的產生，孕育出一個嶄新的中華哲學體系，它不僅揭示了人體與天地大自然的辯證關係，而且為人類認識自身和研究人體生命科學展示了廣闊的前景，奠定了太極拳學說的理論基礎。而太極拳學的本質就是調諧人體「小宇宙」與天地「大宇宙」運行的關係，使二者協調一致，融會一體。調諧好「小宇宙」本身的運行，使之處於最佳狀態，這種調諧就是「人道自己」。

《人身太極解》曰：「人之周身，心為一身之主宰。主宰，『太極』也。二目為日月，即二儀也，頭象天，足象地，人中之人及中脘，合之為『三才』也，四肢『四象』也。」即是說，心就是渾一的太極；兩眼象徵太陽和月亮，就是兩儀；頭象徵天，腳象徵地，鼻下人中及胃中脘一線代表人，天地人合稱三才；四肢稱四象。

亦有認為頭之百會為乾為陽為實，腹之海底會陰為坤為陰為虛，合兩肩、兩胯、兩腰為八卦。分割的方式還有多種，雖有不同，而精神實質則一已。

陰與陽在太極拳中的體現，就是虛實，也即是說，陰陽即是虛實，虛實就是陰陽。明白了這一點，掌握了「天人合一」中華哲學的思想體系，這一太極拳學說的理論基礎，繁複的虛實問題也就變得較易剖析、較易理清了。

我們以武禹襄的《身法八要》和楊澄甫老師的《太極拳

使用法・身法十要》來剖析虛實問題，因它恰恰是對太極拳陰陽虛實的高度概括。為便於將《身法八要》同《身法十要》對照分析，歸納列表如表3所示。

表3

武禹襄《身法八要》	楊澄甫《身法十要》
含胸拔背	含胸拔背
裹襠護肫	氣沉丹田 尾閭中正
提頂吊襠	提起精神 虛靈頂勁 尻道上提
鬆肩沉肘	鬆肩墜肘 手與肩平 胯與膝平 內外相合

透過對照，可以看出身法「八要」與「十要」的基本法則是完全一致的，是剖析太極拳行拳走架的身法虛實總綱。

含（涵）胸拔背：

胸背為胸腔之前後，就胸腔言，胸為前，為陽，為實，實宜虛之，故胸含而吞，虛胸虛心。心者火也，火為離（☲），離中虛。背為後，為陰，為虛，虛則實之，故背拔而吐。而胸背又有其各自左右之虛實，前後左右含胸拔背落自然，緊要全在胸中變化。此為前任（脈）後督（脈）之虛實。

裹襠護肫：

腹，陰也，虛也，虛宜實之，虛而能充。故太極拳主張

實腹。肫，胃也，陽也，位居腹中，此陰中陽也，虛中有實也。居中須護，故需束烈（肋）下氣把襠撐。寬胸虛心方可束烈（肋）下氣，由上下沉而護肫也，此即謂「氣沉丹田」而「無留橫氣於上」也。「把襠撐」，把襠撐開撐圓，即是「裹襠」或「斂臀」。陳鑫說的「襠間撐開半月圓」即是此義。

顧留馨老師說：「斂臀時，可儘量放鬆臀部和腰部肌肉，輕輕使臀肌向外方向舒展，然後再輕輕向前、向裏收斂，就像用臀把骨盆包起來，又像用臀把小腹托起來那樣。」能裹襠則尾閭中正，有利於力由脊發。上由束烈（肋）下氣，氣沉丹田而護肫，是謂天覆；下由裹襠斂臀而舁腹，是謂地載。

天（上）覆而地（下）載，則拿住丹田練內功了，哼哈陰（虛）陽（實）二氣開合鼓蕩妙無窮矣，腹由此而充實，腎氣由此而充盈，腹內鬆淨氣騰然也。

由上述可知，含（涵）胸拔背致虛心，心為火，火為離（☲），離中虛，故含（虛）胸拔（實）背為離中虛。而裹襠護肫、氣沉丹田致腹實而腎氣充盈，腎為水，水為坎（☵），坎中滿，故裹襠護肫為坎中滿（實）。此為心與腎之虛實。

含胸拔背致虛胸虛心，裹襠護肫致實腹盈腎，離坎列位，高下有序，胸腹之用，水火之濟，此即胸腹之虛實，即上下之虛實。太極拳之謂「虛胸實腹」即此義也。

提頂吊襠：

提頂者，虛靈頂勁也；吊襠者，尻道上提也。能提頂吊

襠，則精神能提得起，自然無遲重之虞。

　　明代張介賓指出：「五臟六腑之精氣，皆上升於頭。」《醫宗金鑒》中也說：「頭為諸陽之首，位居至高，內藏腦髓，腦為元神之府，以統全體者也。」由此可知，頭比乾（☰），三連，乾卦屬天，高聳直豎，睥睨萬物，諸經之會，六陽之首，為陽為實，實宜虛之，故須虛領（靈）頂勁。

　　襠部，即會陰部，也即海底。武術及氣功一類學說，多指腹部為氣海。氣海者，氣之海也。氣海位處沖壬，穴居少腹，前鄰臍，後近腎，其用專主吐納，為呼吸根。氣海之最低處為「海底」，而中醫氣功學說認為腹之最下端為任脈之起點，督脈之終點，二者及諸陰交會於此，故稱之為「會陰」。可見「海底」和「會陰」只不過是不同學說的不同命名而已。武術則借指相當於這一穴位高度之襠部，故襠比坤（小周天）（☷），六斷。坤卦屬地，虛容歸藏，無所不載，任督之聚，諸陰之會，為陰為虛，虛則實之，故須吊襠，即尻道上提，或謂提肛、縮股道。能提頂吊襠，則綱舉目張，尾閭正中神貫頂，滿身輕利頂頭懸。此為首尾上下之虛實。

　　又有腹比太極者，左右兩腰眼（腎）為兩儀，此為左右兩腰旋轉之虛實。

鬆肩沉（墜）肘，胯與膝平：

　　兩肩分別為兌（☱）上缺，為巽（☴）下斷；兩胯分別為艮（☶）覆碗，為震（☳）仰盂。

　　傅鐘文老師說，太極拳手足運動的特點是「如意胳膊羅

圈腿」。「上於兩膊相繫」「運動在兩肩」，如「常山蛇陣，襲我頭面用尾掃，擊我尾部回頭咬，攻我身軀首尾保。」「上下一條線，全憑兩手轉。」左手實而右手虛，右手實而左手虛。鬆肩沉（墜）肘，剛柔從容，順逆起伏，虛實變化，應變靈活。此為兩手之虛實，而手又有其尺（骨）橈（骨）之虛實。

「下與兩胯、兩腿相隨」「變換在腿」「邁步如貓行」。凡邁步須躡足而行，舉止輕靈，虛實分明，重心移向左腿，左實右虛；移向右腿，右實左虛。而虛非為空，動勢仍綿綿。所謂實，亦不是過勁、全然站煞，虛則實之，實則虛之，實中虛而守本，虛中實以致用。

楊公澄甫說：「虛實能分，而後轉動輕靈，毫不費力；如不能分，則邁步重滯，自立不穩，而易為人所牽動。」下肢邁步變換虛實的正確方法是以實腳控制所邁之步，即當實腳漸漸落胯坐實、屈膝下蹲時，虛腳隨之稍稍離地提起，隨實腳下蹲勢，漸漸向前探索性地伸邁，此即所謂後腳蹲前腳伸或後腳送前腳、實腳送虛腳。這就是典型的「起腳無須蹬，落地毋有聲」的太極步。

太極步兩腳此漸虛而彼漸實地互換互變，沉著而輕靈地向前邁步，落地無聲，虛實分明，重心穩定，自然無重滯遲鈍的毛病了，此謂左右兩腿之虛實。

又說：「左手實而右腿虛，右手實而左腿虛」，此即為「左重則左虛，右重則右杳」。李亦畬釋曰：「左重則左虛，而右已去；右重則右虛，而左已去。」此為左手右足或右手左足之虛實。

太極拳運動中，手足是最活躍的部位。陳長興《太極拳十大要論・步法第九》中曰：「今夫四肢百骸，主於動，而實運以步。步者，乃一身之根基，運動之樞紐也。以故應戰，對戰，本諸身。而所以為身之砥柱者，莫非步。隨機應變在於手。而所以為手之轉移者，又在於步。進退反側，非步何以作鼓動之機；抑揚伸縮，非步何以示變化之妙。即謂『觀察在眼，變化在心』，而轉彎抹角，千變萬化，不至窮迫者何？莫非步之司命。而要非勉強可致之也。動作出於無心，鼓舞出於不覺，身欲動而步以為之周旋，手將動而步亦早為之催迫，不期然而已然，莫之驅而若驅。所謂『上欲動而下自隨之』，其斯之謂歟！且步分前後。有定位者，步也。無定位者，亦步也。如前步進，而後步亦隨之，前後自有定位也。若前步作後步，後步作前步，更以前步作後步之前步，後步作前步之後步，前後亦自有定位矣。總之，捶以論勢，而握要者步也。活與不活在於步，靈與不靈亦在於步。步之為用大矣哉！」

武禹襄《十三勢說略》曰：「每一動，惟手先著力，隨即鬆開。猶須貫穿一氣，不外起承轉合，始而意動，既而勁動，轉接要一線串成。」又曰：「其根在腳，發於腿，主宰於腰，形於手指。由腳而腿而腰，總須完整一氣，向前退後，乃能得機得勢，有不得機勢處，身便散亂，必至偏倚，其病必於腰腿求之。」由此可見，手足之虛實，對太極拳運動的效果起著舉足輕重的作用。

楊澄甫老師在《太極拳之練習談》中指出：「兩腿宜分虛實，起落猶似貓行。體重力移於左者，則左實，而右腳謂

之虛；移於右者，則右實，而左腳謂之虛。所謂虛者，非空，其勢仍未斷，而留有伸縮變化之餘意存焉。所謂實者，確實而已，非用勁過分，用力過猛之謂。故腿曲至垂直為準，逾此謂之過勁，身軀前撲，即失中正姿勢。」

虛實二字，按前人所言，其意義非如字面之簡單，茲再闡述之。

如欲上右腳，則用意將身體重心微移至左腿立實，右腿重力既移去後變為虛，即能輕便活動，提起邁步，步之大小隨各人而定。如兩腳站穩，則兩腳皆為實。若左足想上步，右腳尖向外轉移，將身體重心移至右腿，此時始分虛實，右腿立實，左足輕便。總而言之，如站定方式後，足不可虛，須分虛實時，多數前足可虛，後足為實，蓋力從根起（即足後跟也）。如運用進步變步，兩腿虛實變換，比穿梭更快，兩足可虛可實，虛者為五分力，亦有二三分者，實者為八九分力，如絲毫不著力，足部即不聽自己指揮，如實十分力，則轉動不靈矣。

太極拳行拳走架，無論是弓步、虛步、仆步，還是進步、退步，都要注意腳下虛實分明，做到虛腳漸虛、實腳漸實。由虛至實或由實至虛都不可驟變，虛實的變換、重心的漸變都必須做到鬆淨穩勻緩合連，變轉交替得越細緻越細膩越好，即此漸虛而彼漸實，不斷流變，逐步轉換，這樣才謂之虛實分明。

「以心為令，以心行氣，意到氣到」謂之「先在心」；「心為令，氣為旗，神為主帥，身為驅使」謂之「後在身」。此為「內則一心，外則一身」之心身先後之虛實。

「腹內鬆靜」才能「神氣騰然」；「欲要神氣收斂入骨，先要兩股前節有力，兩肩鬆開，氣向下沉，勁起於腳根，含蓄在胸，運動在兩肩，主宰在腰，上於兩膊相繫，下於兩胯兩腿相隨，勁由內換……」則是謂周身之虛實。「一動無有不動，一靜無有不靜」。其「一」者，道也，無極也，太極也。人身太極解，有謂「心」為太極、「腰」為太極、「腹」為太極之三個主宰太極說（其他各節為從太極）。故「一動」及「一靜」即為心動，心靜；或腰動，腰靜；或腹（丹田）動，腹（丹田）靜。

心為太極說，即心動心靜說

《人身太極解》曰：「人之周身，心為一身之主宰。主宰，太極也。」武禹襄《十三勢行功要解》曰：「心為令，氣為旗，神為主帥，身為驅使，所謂意氣君來骨肉臣也。」陳長興《用武要言》云：「捶自心出，拳隨意發。」「心氣一發，四肢皆動。足起有地，動轉有位。」

即心為太極，心為主宰。「一動」就是心動，心之一動，百骸無有不動，心靜則百骸皆靜。一動則分陰陽，即分虛實；一靜則合太極，即合虛實。雖動而猶靜，雖靜而猶動，此即陽中有陰，陰中有陽，亦即實中有虛，虛中有實。此謂心之虛實，帶動百骸之虛實變換。

腰為太極說，即腰動腰靜說

《心會論》曰：「腰脊為第一主宰。」王宗岳《十三勢歌》曰：「十三總勢莫輕視，命意源頭在腰隙。」武禹襄

《十三勢說略》曰：「其根在腳，發於腿，主宰於腰，形於手指。由腳而腰總須完整一氣。」李亦畬《走架打手行工要言》曰：「勁起腳根，變換在腿，含蓄在胸，運動在兩肩，主宰在腰。」《五字訣》曰：「分清虛實，發勁要有根源，勁起腳根，主於腰間，形於手指，發於脊背。」又曰：「開合有致，虛實清楚，左虛則右實，右虛則左實。虛非全然無力，氣勢要騰挪，實非全然占煞，精神要貴貫注。緊要全在胸中腰間變化。」楊澄甫《練法十要》云：「變換在腰，氣行四肢，分清虛實，圓轉如意。」明代醫學家張景岳說：「命門居兩腎之中，即人身之太極，以生兩儀，而水火具焉，消長繫焉。」

上述論述即腰為太極，腰為主宰。「一動」就是腰動，腰動無有不動，腰靜無有不靜。源動腰脊，全身百骸九節無不隨兩腰眼（腎）虛實變換而轉換虛實。此即為腰之虛實。虛實變換，在外為動作，有重心之變換，以腰之虛實變換為主；在內為心意，作意轉換自然而周身圓活自如。

腹（丹田）為太極說，即腹動腹靜說

王宗岳《十三勢歌》曰：「刻刻留心在腰間，腹心鬆靜氣騰然。」「腹心」者，丹田也。丹田如陳鑫說：「如兵馬屯處」「全體之氣歸宿處」。太極拳學及氣功一類學說，多指腹部為氣海，為太極。

太極拳強調「心」鬆靜情況下的腹鬆淨。老子說：「虛其心，實其腹」，虛心即須含胸，實腹來自氣沉。氣沉丹田則腹心鬆淨，腹心鬆淨而後氣騰然，氣騰然則能鼓蕩，能鼓

蕩則意氣換得靈，虛實變換，周流不息，氣遍身軀不稍滯也。《太極拳使用法·大小太極解》曰：「氣能入丹田，為氣總機關，由此分運四體百骸，以氣周流全身，意至氣至。練到此地位，其力不可限量矣。」《太極拳經歌訣》曰：「拿住丹田練內功，哼哈二氣妙無窮。」哼哈二氣即腹（丹田）之陰陽二氣也。腹動則無有不動，腹靜則無有不靜，內動導外動，外動合內動，內氣潛轉，勁由內換，丹田吐力，虛實滲透，此即腹（丹田）之虛實也。

內固精神、外示安逸，即神形內外之虛實也。內則實之，聚精會神；外則虛之，神逸其外。內外清靜無為，無為而無不為，虛即是實，實即是虛。

綜上所述，知人身之小天地呈上下、前後、左右、橫豎立體空間之虛實。而太極拳運動中形神、姿勢、動作、用意、呼吸、運勁都有虛實，從某種意義上說，太極拳的運動就是虛實運動。

在拳中的反映就是動者、出手、進步、剛勁、發勁、黏勁、手足關節之伸、開、呼、身軀之仰、升等為陽為實，靜者、收手、退步、柔勁、蓄勁、走勁、手足關節之屈、合、吸、身軀之俯、降等為陰為虛。凡此種種，可以類推。

而參與運動的人體，掌腕肘肩、背腰胯膝腳、五臟六腑九竅三百六十個關節，無處不太極，處處有虛實。隨著功夫的加深，除上述分析的背胸腰腹等重要部位，究之周身無一處不可以分虛實，虛中、實中仍可再分虛實。功夫越深，能分虛實之部位越多、越細，無窮無盡。此即所謂無處不太極，無處不虛實。

因太極拳著著勢勢皆循圓運動，故動靜不同時，陰陽常變換，虛實無定位，陽即是陰，陰即是陽；實即是虛，虛即是實；虛中有實，實中有虛；陰陽相貫，虛實相合，如環無端，此即所謂妙手一著一太極，或一著一陰陽，或一著一虛實。

太極拳有「懷藏八卦，腳踩五行」之說。八卦即掤、捋、擠、按、採、挒、肘、靠八種手法，全憑胸中腰間運化，即手法不僅在手，全身肌肉骨骼、四肢五臟六腑九竅三百六十節都有相應的虛實狀態，如此才是人道自己、道法自然，故八卦在胸中。五行即進步（火）、退步（水）、左顧（木）、右盼（金）、中定（土）。以中土為樞機之軸，足跐五行，是為步法。活與不活、靈與不靈都在於步之虛實是否分明，踩跐之方位是否正確，故五行在腳下。手法八門，步法五步，八門五步，其數十三，出乎自然，故太極拳以十三勢名之。

我們以易經為太極拳的理論基礎，以八卦五行的比附分析虛實等問題，皆因太極拳「理根太極」，「八卦五行，是人生成固有之良」。

太極拳學是一門偏於實踐性的學科，陰陽虛實分明是功夫修練至一定階段的必然產物，並非筆墨所能盡言。正如董公英傑《太極拳釋義》中所言：「練拳與對敵，總不離一虛一實。虛能實，實又能虛，人不知我，妙在其中矣。全部太極拳之精華奧妙，盡在虛實二字之運用。馬步有虛實，肩肘掌指有虛實，身形轉換變化，亦含虛實，處處分清，自然運用自如。然虛實在練拳時則易領悟。惟施之於推手或敵對，

則非經名師指導，再下苦功，實難領略也。緣練拳之虛實，乃自我之虛實，推手及敵對之虛實，則須有知彼功夫矣。在練拳而論，凡動之聚者為實。至對敵之虛實，瞬息萬變，殊非筆墨可能楬櫫。」

為了便於更好地理解虛實，附牛連元轉授的楊式九訣的《虛實訣》：

　　　　虛虛實實神會中，

　　　　虛實實虛手行功。

　　　　練拳不諳虛實理，

　　　　枉費功夫終無成。

　　　　虛守實發掌中竅，

　　　　中實不發藝難精。

　　　　虛實自有虛實在，

　　　　實實虛虛攻不空。

（相傳《九訣》為楊班侯所傳，有待確考。）

（五）太極勁力解

勁與力一直是太極拳界喋喋不休、爭論不息的問題。傅公鍾文好酒，他用釀酒的道理來喻理勁力，竟是如此的貼切。他說酒是釀造出來的，我十分喜歡這個「釀」字，因為它貼切、傳神、境界全出。

釀是一個過程，需要時間、耐心，無論造酒的技術怎樣進步，用的材料如何上乘，要好酒，就要釀，總得有耐心，急不得，慢慢來。其實釀酒很多時候只是把酒存放在酒缸裏，既沒有加工，也沒有加料，可奇怪的是，平平常常的酒

由這「靜養」過程，居然變得濃烈芬芳，清醇甘香了，這便是「釀」的奇妙了。好酒的人都知道，「釀」包含了孕育、培養、歷練、潤柔、轉化、積儲、協調、整合等複雜的意義。

有了這個「釀」字，太極拳界長期喋喋不休、爭論不息的力與勁的問題就迎刃而解了。這就是力者勁之本也，勁從力，勁者力之至，勁者力之曲（巛），勁者力之工（工與功相通）也，勁者力之法也，勁者力之效也，勁者力之運化也。力僅以大小、疾緩、方向論，而勁則既有剛柔之屬性，又具其位元且含其變，故勁為曲使之道，力為直出之門。

也就是說，從物理的角度來看，力是勁的母本，沒有力就無所謂勁，勁離不開力的範疇，所以民間常以勁力合稱，我國的北方地區，有的乾脆稱力為勁，或勁力不分。如「使勁兒」「加把勁兒」「上下一股勁」「渾身是勁」等，在這些用「勁」或「勁兒」的地方，口語中已幾乎不用力字，換上了力字，也就變了味。正如太極拳說勁不說力，說力就是指拙力、蠻力了。

從化學的方面來理解，勁是精、氣、神、意、力綜合因素「釀化」的結果，它具備了虛實、剛柔、陰陽之屬性，性質發生了根本的變化，這時的勁寓力之因素，但絕非力之等同，也不再是力這樣簡單，它是力的柔化、協調、整合和統一。它沾黏隨意，傳遞疾速，應變靈活。所以又稱勁為「活力」，一個活字點出了太極勁的特點。

正如沈壽老師所說：「太極拳的勁力，具有形不外露，功蘊於內的特點。」所以把它叫做內勁，似可用十六個字概

括，即「以柔為主，外柔內剛，柔中有剛，剛柔相濟」。

歷來的太極拳家強調鬆靜，以鬆柔為法，理遵《太極拳論》，法循《太極拳說》，根據靜、鬆、穩、勻、緩、合、連的原則，舒展全體，開啟經絡，暢通血脈，心意率行，氣血流注，日日貫輸，進行用意不用力的鍛鍊，活化勁力，積儲內勁。但要強調的是用意不用力，而不是用意不要力，從來沒有拳論提出用意不要力。

所謂用意不用力，是基於太極拳純以神行，不尚氣力，全身意思，皆用精神，是積能的拳術。故心意帥行，意識領先，能不用力儘量不用力，能少用力儘量少用力，用力而去掉多餘的力。無過不及，向不丟不頂中討消息，於不即不離內求玄妙，時時處處用力恰到好處。

但必須指出，這裏所指的力，已是經太極心法歷練後的寓陰陽、剛柔、虛實變化屬性的力，即太極勁。正如孫祿堂所說：「所以用勁者，非用後天之拙力，皆是規矩中之用力耳。」陳鑫曰：「拳者，權也，所以權物而知其輕重也。」而拳可權者在於勁力，太極拳之高明就是在權衡中掌握火候、控制分寸，勁力之大小和剛柔、虛實、動靜、開合之變化，皆把握得厘毫不差，恰到好處。

楊澄甫老師在《太極純雜論》中指出：「世間練太極者不在少數。宜知分別純雜，以其味不同也。純粹太極，其臂如棉裹鐵，柔軟沉重。推手之時，可以分辨。其拿人之時，手極輕而人不能過。其放人之時，如脫彈丸，迅速乾脆，毫不受力。被跌出者，但覺一動，並不覺痛，已跌出丈餘矣。其黏人之時，並不抓擒，輕輕黏住，即如膠而不能脫，使人

雙臂酸麻不可耐。此乃真太極也。」所謂的真太極，也就是楊澄甫《太極拳練習談》中說的「太極拳，乃柔中寓剛，棉裏藏針之藝術……」而棉裏所藏之「針」即為內勁，亦即太極勁，其練習方法有以下四種：

1. 太極勁的生化之道在於柔

柔化象徵著生機，為運化功力之基。孟乃昌先生說：「單純之剛，堅實而難變；柔勁則柔中有剛，柔能克剛，人剛我剛，兩相對抗，人剛我柔，柔以承之……則走化矣。」又說：「柔也是勁，柔即內勁，內勁含剛。」

《太極拳經歌訣》歌曰：「極柔即剛極虛靈，運若抽絲處處明。」《十三勢行功心解》曰：「極柔軟然後極堅剛。」《太極下乘武事解》曰：「太極之武事，外操柔軟，內含堅剛，而求柔軟，柔軟之於外，久而久之，自得內之堅剛，非有心之堅剛，實有心之柔軟也。所難者，內要含蓄堅剛而不外施，外終柔軟而迎敵，以柔軟而應堅剛，使堅剛盡化無有矣！」《八字法訣》曰：「柔裏有剛攻不破，剛中無柔不為堅。」

張義敬在《太極拳理傳真》中說：「只有逐漸丟掉硬力，柔軟的程度才會日漸增加。柔軟之後的發展方向，必然是輕靈、虛無。這才符合小力勝大力和以柔克剛的原則。」

楊澄甫在《太極拳十要》中說：「太極拳功夫純熟之人，臂膊如棉裏鐵，分量極沉。」這不僅說明了太極功夫的最高境界，也指出了太極修為的生化之道。

2. 太極勁的生化之道在於輕靈

《太極拳經歌訣詮解》曰：「輕則伶（靈），伶則動，動則變，變則化。」《太極平準腰頂解》曰：「滿身輕利者，金剛羅漢練。」《太極拳經歌訣》歌曰：「舉動輕靈神內斂，莫教斷續一氣研。」《十三勢行功要解》曰：「意氣須換得靈，乃有圓活之趣。」《太極拳解》曰：「能黏依，然後能靈活。」又曰：「黏依能跟得靈，方見落空之妙。」《周身大用論》曰：「一要心性與意靜，自然無處不輕靈。」《宋書銘傳鈔太極拳譜・功用歌》曰：「輕靈活潑求懂勁，陰陽既濟無滯病。」陳鑫《太極拳經譜》曰：「前後左右，上下四傍，轉接靈敏，緩急相將。」又曰：「運我虛靈，彌加整重，細膩熨帖，中權後勁。」陳微明說：「不用後天拙力，則周身輕靈。」吳鑒泉說：「輕是輕虛，靈是靈敏。由輕靈而鬆沉，而沾黏連隨，而後能靈敏，能不丟不頂，故盤架時動作要求輕靈和緩，往復自如，自生鬆活之勁，粘黏之勁，故輕是太極下手處。」

可見輕靈是太極拳勁的主要特點，也是入門的主要途徑。輕而不飄，靈而不滯，神舒體展，四肢百骸，鬆空圓活，輕靈通透，氣血流暢，內勁自生。

3. 太極勁的生化之道在於沉

太極拳鍛鍊要求為沉肩墜肘，坐腕舒指，含胸拔背，虛領頂勁，氣沉丹田，鬆腰落胯斂臀，收正尾閭，提肛吊襠等。這些要求除虛領頂勁、提肛吊襠向上虛虛領勁外，其他

百骸均要求向下沉垂，可謂一領百沉。

虛領頂勁的要領是頂、吊、懸、虛、領五字，使六陽之首如臨虛空而神貫頂，提挈全身，使輕清上升，升發一身陽氣而使滿身輕利。

吊襠的要領則是斂臀、撐襠、落胯、收正尾閭，會陰虛虛上提，不使其有下蕩之意，則襠虛圓而致尾閭中正，以豎其上下之路線，中氣上通百會，下通二十四椎，此處一通則上下皆通，全體之氣脈脊通，自無倒傾之弊。

百骸沉垂，則浩然之氣直沉丹田，常存而沛然，取之不盡，用之不竭。氣沛而勁足，勁湧綿綿而眾莫能禦也。頂勁虛領，百骸沉垂，因肢體放鬆柔順，而自然舒適，意定椿穩，不惟支撐八面；因肢體引長舒展，而虛靈含拔，知覺靈敏，豈獨見微知著。

《十三勢行功心解》曰：「以心行氣，務令沉著，乃能收斂入骨。」又曰：「發勁須沉著鬆淨，專主一方。」陳鑫《太極拳發蒙纏絲勁論》曰：「其周身規矩，頂勁上領，襠勁下去，兩肩鬆下，兩肘沉下……胸中沉心靜氣，兩膝合住勁，腰勁下去。」孟乃昌曰：「出步落腿有如貓行之輕靈沉著、穩固，其若惕也。」

李雅軒曰：「練拳當以沉勁為主，不可著意前推。」又說：「太極拳譜說極柔軟然後極堅剛，我認為進一步也可以說極沉重然後極輕靈。因為沉重和輕靈，都是自身鬆淨過後的一種感覺。果能鬆淨了，則全身都有沉重的感覺（是自然的重，不是用力）。」董英傑曰：「不能沉著，則氣不收斂入骨，即是外勁而非內勁矣。練太極須能收斂入骨，此真正

太極勁也。」楊澄甫曰：「太極拳功夫純熟之人，臂膊如棉裏鐵，分量極沉。」這既是說勁的鬆柔又是說勁的沉重，是真正太極勁的寫照。

太極沉勁是周身一家，完整一氣，輕靈沉穩，內神不昧，外氣清明，八方支撐，八面轉換，上下相隨之產物。能沉著方能虛靈，似鬆非鬆，將展未展，勢勢有著落，處處分虛實，靜中寓預動之意，動中有騰挪之勢，沉而騰虛，鬆沉輕靈，圓活機變，故沉勁即是輕靈勁，輕靈勁即是沉勁。

4. 太極勁的生化之道在於圓

太極勁的本意即為渾圓，以圓為體，以陰陽為用，概舉其要，盡在方圓，應化極熟，自有巧妙。其中化勁尤須圓滿，能圓則靈，能滿則活。楊少侯說：「發勁要直，化勁宜圓；化之不盡，發之不遠。」孟乃昌說：「圓而不滿則凹，滿而不圓則凸。有凸凹處病在過與不及，過與不及易為人制，有斷則有續，舊勁已斷，新勁未生，易為人乘。凸凹、斷續都是病手。」惟綿綿不斷，環而無間，周而復始，方無隙可乘。

《練法十要》曰：「分清虛實，圓轉如意。」《八字歌》歌曰：「果能沾連黏隨字，得其環中不支離。」陳鑫《太極用功七言俚語》曰：「初收轉圈自然好，未若此圈十分巧。前所轉圈猶嫌大，此圈轉來愈覺小。越小小到沒圈時，方歸太極直神妙。」又曰：「只要功夫能無間，太極隨處見圓光。」

由此可見太極勁的生化之道貴在圓通，圓則無所偏缺，

通則無所障礙。能圓通方可登堂入室，步入無礙之妙境，而得其環中，以應無窮，圓勁乃太極拳精華之所在。

傅鍾文積近八十年之太極修為，其經驗之談是：太極拳入靜、放鬆、斂神的過程，也正是太極勁鍛鍊過程中的「釀」的特徵。認為太極勁的練法和生化之道，應心意帥率，用意不用力，由鬆柔入手，積柔成剛，剛復歸柔，至練成剛柔相濟的「渾勁」。這種渾勁就是太極拳入門的基礎。

所謂懂勁後愈練愈精，就是指這股勁好像秋天成片蘆葦在湖中被大風吹得俯而復起，堅韌不折、柔而有彈性的意思；又好像海洋中的滾滾波濤，水質雖軟而含有非常雄厚的力量。渾勁練出以後，繼續再進一步從渾勁中練出「輕靈勁」來。

渾勁是藏而不露的渾厚的實力，從而達到柔中有剛；輕靈勁是既有輕靈感覺而又能圓活運轉的意思。將這兩種勁緊密結合於一起相互為用，才能剛柔相濟、棉裏藏針，才能變化分釋為掤、捋、擠、按、採、挒、肘、靠諸勁而靈活應用之，始可達到融會貫通、得心應手的目的。

董英傑在《經驗談》中說：「架子練熟，推手入門，乃講懂勁。太極拳有沾動勁、跟隨勁、輕靈勁、沉勁、內勁、提勁、搓勁、揉勁、貼勁、扶勁、摸勁、按勁、入骨勁、摔動勁、掛勁、搖動勁、發勁、寸勁、脆勁、抖勁、去勁、冷不防勁、分寸勁、蓄勁、放箭勁、等勁等等，以上諸勁，僅述大概。」

而陳炎林在《論勁》中將勁分為沾黏勁、走勁、化勁、引勁、拿勁、發勁、借勁、開勁、合勁、提勁、沉勁、掤

勁、捋勁、擠勁、按勁、採勁、挒勁、肘勁、靠勁、長勁、截勁、鑽勁、撥勁、搓勁、撅勁、捲勁、冷斷勁、寸勁、分勁、抖跳勁、抖擻勁、折疊勁、擦皮勁、虛臨勁、淩空勁等。

陳微明在《太極問答》中答曰：「就余所知（太極拳之勁）約有沾勁、化勁、提勁、放勁、借勁、截勁、捲勁、入勁、抖擻勁數種。」

而李雅軒則認為：「按太極拳之發勁有幾十種之說，我以為不對。我以為只有一個懂勁和不懂勁的問題。如不懂勁，會一百個發勁也等於零。如懂了勁，雖變一百個、一千個也是一個道理。千變萬化，想如何打，就可以如何打，又豈止是幾十個哉！」可見是仁者見仁，智者見智了。

李雅軒又說：「硬勁不如僵柔勁，僵柔勁不如鬆軟勁，鬆軟勁不如虛無勁。」可見對於勁的分類還是有的，只是各人的修為體驗不同，而劃分粗細不同，名稱不一耳。

然而有一點是共同的，這就是要明白太極勁的生化之道，必須懂勁，懂勁才能主宰，懂勁才能明陰陽、明虛實、明動靜、明剛柔、明太極之拳權、明太極之本然。

《太極拳推原解》曰：「拳者，權也，所以權物而知其輕重者也。」而拳可權者、拳可運者、拳可化者、拳可體者、拳可用者、拳法之謀、拳法之可德者皆在於功勁，太極拳以中和之功勁為依歸。所以，太極拳修為重勁不重力，以勁為本、以勁為用，不倚拙力，不用後天濁氣，全身意思皆用精神，心與意合，意與氣合，氣與力合或氣與勁合，二者是統一的，但絕非可以等同。

正如萬籟聲所說：「以意使勁，五靈沉著，氣歸丹田，剛柔相濟，是為武術上之勁！不然，即農夫等粗人之勁，不足為貴。蓋此等之勁，一逾壯年，即漸消滅，伊等之勁，只可抬什物、舉石頭、打俗人，亦名為力，緣不能運用者為力，流通四肢者為勁。是萬不能與武術家相提並論也！但武術家能打舉百鈞之人，未必能舉百鈞之物，此即死勁活勁之辨。」太極拳練的是活勁，用的也是活勁。

太極之途即是懂勁之途，由著熟而漸悟懂勁，由懂勁而階及神明。王宗岳《太極拳論》中說：「陰不離陽，陽不離陰；陰陽相濟，方為懂勁。」就太極拳而言，正如李亦畬所說的「先以心使身，從人不由己；後身能從心，由己仍是從人。」做到人不知我，我獨知人。主動權始終控制在己手，這種主動權的掌握就是「懂勁」。

董英傑著《太極拳釋義》黃尊生序中曰：「勁之為義有五，曰沾、曰連、曰黏、曰隨、曰不丟頂。沾者提上拔高也；連者貫也，不中斷也；黏者貼也，彼進我退，而彼退我進也；隨者從也，捨己以從人也；不丟頂者，言不丟，不頂，不脫離，不抵抗，不搶先，不落後，如沾，如黏，而丟之不開，投之不脫也。」此勁之義，動靜剛柔，變幻無定，奇正虛實，我不自已，能黏能走，知陰知陽，應付裕如，是謂懂勁。

著名技擊家萬籟聲老師說：「勁字研究之，其最要者有六，即剛、柔、虛、實、直、橫，六勁是也！初練習者，多係剛勁與直勁；再進境即找橫勁與柔勁；再進境可辨虛勁與實勁！直勁與橫勁，字面上甚易辨識，其深奧卻非數語所能

盡。至於虛勁與實勁，更為深妙，是非對於武術稍有研究者莫辨，此勁乃用於交手時，人實我虛，乘虛即實，人剛我柔，乘柔即剛，柔中之剛，是為真剛，剛中之柔，是為真柔，此即剛柔既濟之論，無虛無實，即虛即實，而隨機應變者也。」

隨機應變即勁之機變，即勁之神化，即勁之主宰，亦即太極主宰。主宰有三：

勁之主宰其一在心

陳鑫《太極拳推原解》曰：「心主乎敬，又主乎靜。能敬而靜，自保虛靈。天君有宰，百骸聽命。動則生陽，靜則生陰，一動一靜，互為其根。」因此，心就是勁之主宰，心令則氣行，氣行則勁行。

勁之主宰其二在腰

《心會論》曰：「腰脊為第一主宰。」武禹襄《十三勢說略》曰：「其根在腳，發於腿，主宰於腰，形於手指。由腳而腰總須完整一氣。」孟乃昌先生說，太極以陰陽為用，以圓為體，而腰為軸，命之在腰，寓寄全身重心，亦寓寄腎間動氣。內外相合，表裏均備。其勁源動於腰，其真氣亦由腰腎間而發，故曰「命意源頭在腰隙」也。

朱熹《觀書有感》云：「問渠那得清如許，為有源頭活水來。」腰腎精氣乃勁之源頭活水。活水常澈，精勁汩汩，淵涵長清，日有新知，腰為勁之源泉。故拳論曰：「刻刻留心在腰間。」

勁之主宰其三在腹也

王宗岳《十三勢歌》曰：「刻刻留心在腰間，腹心鬆靜

氣騰然。」《太極拳經歌訣》曰：「拿住丹田練內功，哼哈二氣妙無窮。」哼哈二氣即腹（丹田）之陰陽二氣也，亦即陰（柔）陽（剛）二勁也。陰陽二氣經腹之鼓蕩騰然而靈動，剛柔二勁經腹之潛轉渾然而纏綿。氣始出於斯，因腹心鬆靜氣騰然而氣遍身軀不稍滯；勁始出於斯，因靜中觸動動猶靜而因敵變化示神奇。氣之源源，表裏均備；勁之沛沛，剛柔相濟。腹為勁之主宰當之無愧。

《太極拳真詮》曰：「心之本位曰人心，其神腦注曰天心，其神腹注曰地心。其用有三，天心生精，地心生氣，人心生血。」讀者參合之。

王充《論衡·超奇》曰：「有根株於下，有榮葉於上」，指根深葉茂之意。太極拳勁之根有三：

勁之根其一在足也

武禹襄《十三勢說略》曰：「其根在腳，發於腿。」李亦畬《走架打手行工要言》曰：「勁起腳根，變換在腿。」楊澄甫家傳老譜《對待用功法守中土》曰：「定在方中足有根。」杜元化在《太極拳正宗》一書中說：「胯為根節之根」，明確指出了腳（腿）之根在胯。這是因為以人之三大節分，頭為上節，身為中節，腰以下為下節。而下節再細分為三節，即腳為梢節，膝為中節，胯為根節。

亦有拳家認為根節之根在會陰，這樣有利於兩腿相繫相連、勁力貫串、虛實滲透。

傅鍾文老師則認為：「腳（腿）之根在腰胯」，是把腰根也貫串起來了，這樣根節之根、中、梢合而為一，貫串一氣，腰一動，根節（胯）催，中節（膝）隨，梢節（腳）

領，節節貫串，舉步輕靈，邁步如貓行。

而有拳家錯誤理解所謂「立地生根」，把根節之梢（腳）當作根，使兩腳掌拼命抓地，意作紮根狀，以致雙腿三節失去彈性和靈活而被「填實」，導致因不能運化而喪失轉換變化的潛力，陷於氣閉力呆的遲重笨滯狀態，此時預動騰挪之氣勢、圓融神活之氣機頓失矣。

殊不知所謂「立地生根」是身法中正安舒，周身輕靈沉穩，內神虛靈不昧，外氣清明在躬，靜則穩如泰山，動則拳彌六合，外延之象形也。

正如楊振鐸所說：「舉步要輕，動步要穩，落步要準，方輕靈沉穩，兼而有之。」吳公藻亦有歌詠：「神清氣沉任自然，漂漂蕩蕩浪裏鑽；任你風浪來吹打，上輕下沉不倒顛。」此乃「立地生根」之最好注釋也。從勁上看，勁由胯而膝最後落在足之湧泉，是以足為勁之根。《人身太極解》曰：「足像地」，足之在人體為「地」，是為勁之「地根」，亦即「地盤」。

勁之根其二在腰也

王宗岳《十三勢歌》曰：「命意源頭在腰隙」武禹襄《十三勢說略》曰：「主宰於腰。」楊家藏本《太極平準腰頂解》曰：「有準頂頭懸，腰之根下株。」又曰：「腰即平之根株也。」從勁上看，勁運化於腰腎之兩命門，是以腰為勁之根。《人身太極解》曰：「人中之人及中脘」「澄本」「佑本」「萬本」原作「中脘」，疑「中腰」之筆誤，胃之中脘與腰居同部位之前後丹田，亦通。在人體居中，是為「人根」，亦即「人盤」。

勁之根其三在頂也

《太極拳論》曰：「虛領頂勁，氣沉丹田。」《十三勢歌》曰：「尾閭中正神貫頂，滿身輕利頂頭懸。」從勁上看，勁虛領於頂，則神貫於頂，是以頂為勁之根。《人身太極解》曰：「頭（頂）像天」，頂之在人為天，是為勁之「天根」，亦即「天盤」。

勁之根在足在腰尚能理解，或問頂怎麼會是根呀？蓋太極陰陽顛倒之理。南（懷瑾）夫子曰：「人的根是在虛空，在頭頂上。虛空就是我們的泥土，這就是人與萬物不同之處。植物的根栽在泥土中，人與植物相反，根栽在虛空中……所以嬰兒剛生下來時，頭頂的囟門凹處，裏面還是洞開的，與天根相接……等此處封閉堅硬以後，意識漸漸成長，天根便截斷了。」所以，練太極要尾閭正中神貫頂，滿身輕利頂頭懸，意識要天根月窟常來往，還精補腦，回歸生命的根本。

明太極勁之本源，懂勁之主宰，練勁之根本，練精化氣，練氣化神，練神還虛，神妙入化者，方登由懂勁而階及神明之境界。

清代楊氏傳抄老譜《大小太極解》曰：「太極練法，以心行氣，不用濁力，純任自然……不用力（濁力即拙力或蠻力）何能有力（勁）？蓋太極練功，沉肩墜肘，氣沉丹田。氣能入丹田，為氣總機關，由此分運四體百骸，以氣周流全身，意到氣至。練到此地位，其力（勁）不可限量矣！」

這段文字告訴我們，太極拳的練法是以心行氣，不用濁力，純任自然，舉重若輕是太極拳的最高境界，蠻力在任何

情況下都是不足取的。同時指出，丹田為氣發運總機關，意到氣到，氣到勁至，說明氣路即是勁路。

丹田之氣，下行於足，通過足而作用於地，反作用於全身，故其根在腳。莊子曰：「至人之息以踵。」太極拳呼吸，蓄吸發呼，發勁以足為根，起於腳，由腳而腿而腰以之為主宰操縱，蓄之於背，斂之入骨，布於臂膊，形於手指，終是完整之一氣，總以渾然之整勁。完整之一氣，能行氣如九曲珠，無微不到，則渾然之整勁能運勁如百煉鋼，何堅不摧。所以，從某種意義上說勁就是氣，故有「勁氣」之說，而勁又與力有不解之緣，故稱「勁力」。

勁是力和氣的媒介與紐帶，勁中分力氣，力現於外而笨拙，氣行於內而靈動。

孟乃昌先生說：「氣的概念最廣泛。人體之氣從來源上說不外有先天、後天之分。稟受於先天的稱為先天之氣，又叫元氣、原氣、真氣；得之於呼吸飲食的稱為後天之氣，有時直接指呼吸之氣。元氣則包括元陽和元陰之氣，雖稟受於先天，但也賴後天榮養而滋生，元氣發源於腎，藏於丹田，借三焦為道，通達全身，推動五臟六腑等一切器官組織活動，為人身生化動力的泉源。」

就太極拳而言，精氣神之凝合為內勁之生化動力之源，此內功所臻歸也。

陳鑫曰：「太極者，剛柔兼至，而渾然無跡之謂也。」又曰：「至終複至始，一氣運弛張。有形歸無跡，物我兩相忘。」此言勁也，太極即一勁，渾然即太極。太極拳者，千變萬化，無非勁氣，氣之渾然即勁之無跡，勁之無跡氣亦渾

然。故氣路即是勁路，懂勁即是明陰陽，明陰陽即是懂勁。無形無象，渾然無跡，方能應物自然，隨心所欲。

有詩為證：「道本自然一氣遊，空空靜靜最難求，得來萬法皆無用，身形應當似水流。」

有不明所以者，總喜式式講解勁路，勢勢分析勁點。初學尚可，樂此不疲則誤入歧途了。

楊澄甫《太極拳十要》中說：「練太極拳全身鬆開，不使有分毫拙勁，以留滯於筋骨血脈之間以自縛束，然後能輕靈變化，圓轉自如。或疑不用力何以能長力？蓋人身之有經絡，如地之有溝洫，溝洫不塞而水行，經絡不閉則氣通。身僵勁滿經絡，氣血停滯，轉動不靈，牽一髮而全身動矣。若不用力而用意，意之所至，氣即至焉，如是氣血流注，日日貫輸，周流全身，無時停滯。久久練習，則得真正內勁。」所以行拳走架要全身放鬆，用意不用力，漸漸棄後天而轉入先天，將笨力「釀化」而變為真勁，如能得先天之本能，得先天之真勁，則神妙不可思議。

學者當堅持拳論拳理，堅持靜、鬆、穩、勻、緩、合、連這一被歷代太極拳家親身實踐證明能出真功、行之有效的練習原則而鍥而不捨。

(六)太極方圓解

拳諺云：「橫撐開放，光線茫茫謂之方；提抱含蓄，中藏生氣謂之圓。」太極拳以十三勢立名，掤、捋、擠、按為四正門，亦即四正手；採、挒、肘、靠為四奇門，亦即四隅手；前進、後退、左顧、右盼、中定為五步，定在方中土

也。中土不離位，拳腳展開，範圍八卦而成方，嚴格地說是「橫撐開放，光線茫茫」的不規則多邊形，在拳法中則代表一種外散的力，然而雖為外散，卻又寓意有形和封閉。但控制多邊形，包括方的最好形狀是圓，此即緊湊為圓，因此，從拳術的角度講，太極拳的輪廓是圓（從立體角度講是球）而不是方。

圓在拳法中則代表一種內聚的力，然而雖為內聚，卻又涵蘊無形和開放。但是，太極拳畢竟是由一式式的拳式或一招招的「著」法所組成，所以，必然有其方正平穩的內在招式結構特點，而構架內在結構的最好形式是方，而不是圓。此即開展為方，以圓含方，以方局圓，範圍天地而不過，曲成萬物而無遺。八門五步，概舉其要，盡在方圓。這一特點是與中國傳統文化相通的。

所謂「天圓而地方」「圓而神，方以智」「不以規矩，不能成方圓」「智欲圓而行欲方」也。方圓和陰陽一樣是高度的抽象符號，體現了原則性和靈活性及對立統一的辯證思想，其原理和太極圖一脈相承。其特點為外圓內方（外圓指肢體處處循圓運動軌跡），內圓外方（內圓則指內氣、內勁運行圓活，切忌努氣閉氣僵勁），柔圓剛方，以方作圓，以圓作方，開合連環，亦圓亦方。

《太極正功解》曰：「太極者元也，無論內外上下左右，不離此元也。太極者方也，無論內外上下左右，不離此方也。元之出入，方之進退，隨方就元之往來也。方為開展，元為緊湊，方元規矩之至，其孰能出此以外哉！如此得心應手，仰高鑽堅，神乎其神，見隱顯微，明而且明，生生

不已，欲罷不能。」（該篇係太極拳關於方圓相生原理的經典名篇）

太極謂玄武之象，惟一圓一方耳。非圓即方，隨方就圓，殆無能逾此兩儀對待之形。

文中所說之元者即圓也。圓者，全也，備也，可納萬有而不泄也；圓者，周也，環也，周正不偏，周全運化，周流暢達，周而復始，如環無端，循環往復也；圓者，潤也，活也，運化柔潤，依隨自由，變易自然，圓潤活潑，圓活機變，生氣靈動也；圓者，飽也，滿也，主藏歸也，包藏無窮，應化廣潤，柔弱自然之德厚也；圓者，空也，虛也，空者法生，虛始能自容，惟虛方能盈實。虛實清，動靜明，兩儀生，陰陽分，剛柔推矣。

太極拳直接以太極圖及其學說為指導，性本渾圓，圓融為妙。圓是太極拳運動的最佳方式，也是體能與心智和諧的最佳境界。心靈神韻、勁力精氣及外在運動的姿態和形式，極小的轉關、內外不見的折疊、心意的帥率、勁力的潛行、真氣的鼓蕩，都體現圓（包括弧形曲線）的意味。出入運行，無論內外、上下、左右，陰陽貫穿，環連環錯，環起環落，環內環外，連環套繞，曲曲相通，如環無端。故太極拳用一個無始無終、無邊無際的「圓」，將其概括。

陳微明《太極拳術》說：「圓運動是太極拳練法的精華所在。」曹樹偉先生說：「圓之所以在太極拳方面的重要，不外乎圓是最柔軟而靈活，因為它沒有棱角，令人無從捉摸。而圓也有它極剛強和巨大的勢的一面，因為運動著的圓，也可以說是有無數的點組成的一片巨浪。」陳鑫說：

「果然識得環中趣，輾轉隨意見天真。」又曰：「只要功夫能無間，太極隨處見圓光。」

此即謂之妙手一著一太極，然此非勁淺者不能為也，惟能頓悟圓通者，方可登堂入室，步入無礙之妙境。

《管子心術篇》謂：「能大圓者體乎大方」，物理皆然。故太極拳是圓的，亦是方的，圓規為妙，方矩為高。方者，圓之對待也，圓者理明，細揣論理，推辨分明，方者自通。

又方者，方位也，掤南、捋西、擠東、按北、四方正也，採西北、挒東南、肘東北、靠西南、隅角成也，進步火、退步水、左顧木、右盼金、定中土，為步之五行，合正隅之手，得門位八卦坎、離、兌、震、巽、乾、坤、艮。以身分步，懷抱八卦，足趾五行，五行在意，支撐八面。手步八五，其數十三，出於自然，十三勢也。此是人所不待思慮而自然知者，乃人生固有之良。

又方者，法則也，方法也。《亂環訣》曰：「手腳齊進橫豎找，掌中亂環落不空。欲知環中法何在，發落點對即成功。」宋書銘傳抄太極拳譜《太極歌》曰：「太極原生無極中，混元一氣感斯通，先天逆運隨機變，萬象包羅易理中。」「人法地，地法天，天法道，道法自然」，太極拳方圓之法則盡在其中，太極則之，能成中庸之守，而杜其極變之應。

太極拳運動以圓融入境，而以方支架立勢。方者以正其中，圓者以應其外。在功夫相當純熟以後，定點有方，在運動到達終點時，總須把拳式規定的勁別亮相，在圓中體現出

方來。這樣圓中寓方，潛入圓弧中的掤勁產生外散的力，此即柔中有剛，守中寓攻；同時方中含圓，外散的力受圓的收聚作用而潛轉為一種隱性的耐力，這一潛在的力量即內勁。它比方更具意會、豐滿、曲接、含蓄和隱秘。此即剛中有柔，攻中寓守。

方而圓，圓而方，超乎象外，得其寰中。方圓所凝聚的表現力，是千錘百鍊的，它表現為陽與陰、剛與柔、實與虛、開與合、正與奇、動與靜、外與內、直與曲、急與緩等形式和關係，是互為條件互為因果的。

正如陳鑫《詠太極拳五言俚語》所詠：「太極分陰陽，神龍變無方。天地為父母，摩蕩柔與剛。生生原不已，奇正不尋常。乾坤如橐籥，太極一大囊。」太極拳這一大囊中所包容的，無非是一圓一方。

楊氏傳抄古譜《太極圈》歌曰：「退圈容易進圈難，不離腰頂後與前。所難中土不離位，退易進難仔細研。此為動功非站定，倚身進退並比肩。能如水磨催急緩，雲龍風虎象周旋。」「象周旋」亦作「相周旋」。

此歌很值得尋味。陳炎林等認為此篇是論活步推手，對大捋、亂環等推手具有指導意義，而有拳家則認為是論太極拳行拳走架推手功夫的階段。但無論行拳走架和推手都離不開方圓的範疇。

中土守位，動非站定，緩急如磨，變轉周旋，圓暢倜儻，猶如龍蟠，從雲從龍是為言圓。腰頂後前，比肩進退，倚身變式，支架立勢，清剛大方，風姿綽然，立異諱同，猶如虎踞，從風從虎，則又在言方。

太極拳之妙正在於方圓之互運（用）。方易於勁，但方並非即是勁，故方以求其勁悍，得以方勁；圓易於轉，但圓並非即是轉，故圓以求其渾脫，得其圓轉。有方勁而乏圓轉，或則會剛而乏柔，陷於獷霸。有圓轉而失方勁，或則為柔而乏剛，近於媚俗。陳鑫所說「只圓無方是滑拳，只方無圓是硬拳」，即是此意。

太極拳之妙又在於方圓相生。圓乎規，方乎矩，方圓規矩，當能轉化。出入運行為圓，進退變式為方，方圓相生，方圓互運，隨方就圓，以圓作方，開合連環，亦圓亦方，往復循環，始終如一，則能包裹宇宙而無表裏，洞同覆載而無所礙。

太極拳是改造、弱化後天，開發、強化先天達到道法自然、天人合一的拳術。拳技雖分方圓而求其渾然，求其中和。陳仲甡詠太極拳絕句：「動靜無端隨勢轉，引進落空隨人來，若非太極圖中得，哪有神機抱滿懷。」功夫階及神明，方圓不但兼備，而且無形跡可尋，渾然一太極。渾然一太極即中和也、太和也，拳技和則自然，性命和則生，人物和則親，人天和則靈，則天人合一也。渾然一太極即圓也，此太極反璞歸真、太極之始終、無極之太極也。

所以，太極拳以圓為則，以圓為善，著圓得下乘，意圓得中乘，神圓得上乘。而此「圓」是方圓、剛柔、動靜，陰陽渾然無跡之圓也。

（七）太極形神解

身心之在，古哲謂之形神。《練功秘笈》曰：「有形謂

之形，無形謂之氣，運有形與無形而會之謂之神。」清玄散
人曰：「神者，變化（陰陽）不測之為神，昭感應化者為
神，出乎意料者為神，不由思慮智能而得者為神，拳技武藝
運用自如、依隨自然、不憑思慮所出而制勝者為神。」

　　神有廣義的神，即神、魂、魄、意、志、思、慮、智
等。《靈樞・本神篇》說：「心藏脈，脈舍神」「肝藏血，
血舍魂」「肺藏氣，氣舍魄」「脾藏營，營舍意」「腎藏
精，精舍志」。

　　又有狹義的神，是單指藏於心的神。《靈樞・大惑論》
說：「心者，神之舍也。」神是統帥人的精神、意識、知覺
運動最高的生命活動，在人身居於首要地位。

　　以上之說，說明形者，型也，體形也，是形體物質。神
者是指精神意識，係心之所藏，變化之妙極萬物，不可以形
詰。即是說，人是身體與心神共融之共稱，是精神與物質之
統一體。形中合神，神中合形，心神因身體之形而顯現，形
體被心神所制禦。反映在太極拳方面，對形的認識和要求為
虛靈頂勁，滿身輕利頂頭懸；立如平準，活似車輪；立身中
正安舒，支撐八面，尾閭中正；靜如山嶽，動若江河；邁步
如臨淵，運勁如抽絲；含胸拔背，裹襠護肫，提頂吊襠，鬆
肩沉肘；一動無有不動，一靜無有不靜；上下一條線，全憑
兩手轉；手與足合，肘與膝合，肩與胯合等。

　　概括起來有勢、韻、型、技、著、法六方面。其中勢與
韻是形之內，是謂內形；而型、技、著、法是勢、韻之外
延，是謂外形。外形是形於外之技、著、法之結構，內形是
隱蘊內而又延顯於外之運動形態。內形聚密之運動形態，連

結外形之鬆散結構，合稱為形。

而太極拳對於神的認識和要求為尾閭正中神貫頂；心貴靜，氣須斂，神宜舒；心為令，氣為旗，神為主帥，身為驅使；神舒體靜，刻刻在心；內固精神，外示安逸；意在蓄神，神宜內斂；總歸神聚，神聚則一氣鼓鑄，練氣歸神，氣勢騰挪，精神貫注，開合有致；神氣鼓蕩，神氣收斂入骨；神是君位骨肉臣；不用濁力，純以神行；精敏神巧全在活；懂勁後神而明之，神乎其神。

內之神，恃於內而顯於外；外之形，恃於外而繫於內。形恃神以立，神須形以存。形因韻而近神，謂之神韻；神以勢而制形，謂之形勢。形神相親，形神相生，表裏俱濟，相得益彰而不違絲毫也。

傅鍾文老師曾說：「有人說太極拳重意不重形，這也只能在鍛鍊多年，有了正確的動力定型以後的事。所以太極拳有合規矩而脫規矩，脫規矩而合規矩的說法。太極拳要求形中寓神，神中合形，神形兼備，這就是所謂形莫若就，神莫若和。當然，最後能做到外忘其形而成其形，內不知其神而達其神，一切自然而然，則太極登真而臻神明了。」

沈壽老師也經常告誡我們，所謂神化者，豈復有外於規矩哉。平時練拳必須嚴格遵循太極拳要領，力求姿勢中規正矩，有不得要領處立即糾正，只有這樣才能功深而拳正。如果練拳馬馬虎虎，搖搖擺擺，日久功深而拳越歪。拳無形勢則失綱紀法度，心神難以應和，外必乖於形勢，內必悖於神氣，則終身由之，究莫明其精妙，枉費功夫貽歎息矣。

由此可見，古今之哲者都無例外地持形神兼備，心身一

元觀。

《資治通鑒》載有一則范縝反對佛教的故事，說：「縝著神滅論，以為『形者神之質，神者形之用也。神之於形，猶利之於刀，未聞刀沒而利存，豈容形亡而神在哉？』此論出，朝野喧嘩，難之，終不能屈。」在當時重神不重形的輿論環境裏，范縝直陳形為神之本，神為形之用，即人的神識是從有形之體產生的，而形體是聽命於神識的指揮而轉換變化的，它完全符合「物質第一性，意識第二性」的辯證唯物主義的基本觀點，這在當時是難能可貴的。

而太極拳正是以這一正確哲學理論為先導，宣導天人合一返本歸真，恢復人之為人之天然本性本能，主張形中寓神，神中合形，神形兼備。這是世界上其他任何體育項目、任何拳種所無法企及的，這也正是太極拳的可貴之處。

「凡形於外者曰象」《周易‧繫辭》曰：「在天成象，在地成形，變化見矣。」可見形即是象，象即是形，合則為形象或象形，變而化之則神在其中也。

太極拳形者神之質的物質第一性，就決定了太極拳要練拳先練形，練功不忘形。這樣，虛領頂勁、含胸拔背、沉肩墜肘、立身中正、裹襠護肫、內外三合等等關於形的要求，以及保證形神合一所必需的鬆、靜、穩、勻、緩、合、連的鍛鍊原則就應運而生。

要是犯禁，違反守則，那就絕對演練不出輕靈飄逸而渾厚沉著的太極風格和功蘊其中、神逸其外的太極功夫。這也就是為什麼歷代明智的太極拳家，都無例外地把形的鍛鍊正確與否，作為其拳派的基本功而不敢掉以輕心有所忽視。這

是因為他們充分認識到「無骨架之形不足以盡顯勢態，形不足俱難得以技藝之功」。

　　他們也從不怕落入「有為」而受人責難和譏諷，因為太極拳的基本形式就是「有為」的動功，站在學習與修為的角度，第一關注的應該是功夫與「形質」，這並不影響太極拳的「無為」修練。

　　傅鍾文老師在《太極十三勢及其要點》一文中說：「太極拳要點，凡十三個，曰沉肩垂肘、含胸拔背、氣沉丹田、虛靈頂勁、鬆腰胯、分虛實、上下相隨、用意不用力、內外相合、意氣相連、動中求靜、動靜合一、式式均勻。

　　「此十三個要點，在每一動作中，皆要注意。不可一式無此十三個要點之觀念，缺一不可也！請學者留意參合。

　　「太極拳之主體，貴在動靜有常。練時舉步之高低，伸手之疾徐，運動之輕重，進退之伸縮，氣息之宏細，顧盼之左右上下，腰頂背腹之俯仰，須知各有常度。不可忽高忽低，忽疾忽徐，忽輕忽重，忽伸忽縮，忽宏忽細，忽左右、上下、俯仰之不勻也。步之高低，手之疾徐，如能得有常度，則亦不必過於拘其高低疾徐之有一定法則也。

　　「初學此拳式者，萬不可貪多，每日只宜熟一二式，則易窺其底蘊，多者僅得其皮毛耳！」

　　傅公是論對太極拳之形是何等的重視，希望習者形有常度而窺太極底蘊，而階及太極之神明。

　　拳諺說：「形為象，神為魂，意自形生，形隨意轉。」又說：「得神者是為大智，得自然者是為大用。」《七部語要》有云：「神靜而心和，心和而形全；神躁而心蕩，心蕩

則形傷，將全其形，先在理神，故恬恬養神則自安於內，清虛棲心則不誘於外也。」由此可見，太極拳在承認「形者神之質」的物質第一性的同時，強調「神者形之用」的精神能動性，尤其重視精神、心理意志的培養和訓練，「獨於精神往來而不傲倪於形象」。

王僧虔在《筆意贊》中說：「書之妙道，神采為上，形質次之，兼之者方可紹於古人」。說的雖是書法，實質上包括太極拳在內的中國藝術的「神采」最終維繫著的是自然與精神，神是超越於有限之形的一種無限自由的境界。

《易經》曰：「鼓之舞之以盡神。」歷來的太極拳家就是從舞之蹈之動不休的「形」中，追求徹底解放的「神」的超然，即道合神明，神合自然。太極修練由「向外（形）練」逐漸轉化為「向內（精、氣、神、意、勁）練」，由「向外修練」的形象體勢的體驗，進入到「內向修練」的心靈的體驗，所生發出來的精神，就必然具備了「天然」的生命感。這一種天然，即「自然而然，自本其然，自順天然，乃真自然」。是「天人合一」的生命外延。

形神合一，天人合一，導致精神境界的改變，必然也會引起物質領域（形）的改變。即精神在形勢基礎上產生，又給予巨大作用於形勢。神形相印，體戚相關，其結果是形勢練之成拳，神氣練之得道。身手之有動作，神氣之有運會，一以貫之，內外合一，形神合一，從而使太極拳更趨完善，臻登神形相兼、拳我一體的新境界。

正如孫祿堂先生所訓誨：「練太極拳時要從其規矩，順其自然，外不乖於形式，內不悖於神氣，外面形式之順，邸

內中氣之和，外面形式之正，即內中意氣之中，故見其外，知其內，誠於內，形於外，即內外合而為一。」這種順應自然，內外、形神、天人合一，拳我一體的境界就是和諧。

太極拳前輩，習慣把人體的小宇宙同天地大宇宙聯繫起來，在自身神形內外和諧的基礎上，追求與自然、與大宇宙的總體和諧。

這一種總體的和諧就是中和。拳達致中和，則功臻上乘，拳失卻中和，則外乖於形勢，內悖於神氣，形亂意迷，心神不交，徒勞其形，徒行其功，更莫問收效也，自然萬難入得法門而歸太極。

六、太極行健
——太極拳學的養生觀及健身原理

太極拳學的養生觀是建立在整體生命上專門研究有關人類袪病延年的一門科學。古之所謂「五福」為「壽、富、康寧、修好德、考終命」五者而言壽康者有四。健康長壽，長生不老，幾乎是天下所有人夢寐以求的願望。尋仙藥、覓仙方、求仙術、祭神龜、拜神石、熬玉液、煉金丹……尋尋覓覓，上下數千年。

其實，這湟湟世界本來就沒有長生不老的靈丹妙藥，宇宙間的所有物體，隨著時光的流逝都在衰退老化，人體的衰老是指人在生命發展的過程中整個機體形態和功能逐步衰退的總現象。人至三十幾歲後，荷爾蒙水準下降，免疫系統開始喪失它的力量，肌肉收縮，關節硬化，牙齒鬆脫，皮膚消

衰，隨著歲月的流逝慢慢變得殘舊。

明代《濟陰綱目》形象地描繪了衰老症狀謂：「神隨物化，氣逐神消，榮衛靠衰，七竅反常。啼號無淚，笑如雨流，鼻不嚏而涕，耳無聲而蟬鳴，食下口乾，寐則涎溢，溲不利而自遺，便不通而自瀉，晝則對人瞌睡，夜則獨臥惺惺……。」

古人有用四季的自然景象來描繪人的衰老現象，那就是目似春霧，耳似夏蟬，齒似秋葉，髮如冬霜。總之，衰老是生命發展的必然規律，是一個十分複雜的生命現象。衰老的機理十分複雜，我們研究的目的不是為了阻止它的發生，而是找到影響衰老的各種因素，找出延年益壽的方法。

而太極拳正是健身、療疾、養生、益智及開發人體潛能功效的拳法。

聯合國世界衛生組織（WHO）為健康下了一個被人們普遍承認的定義：「健康，不但是沒有軀體缺陷，還要有完整的生理、心理狀態和社會適應能力。」從而明確了健康的真正含意，它不僅指身體上的健康，還包括了生理、心理上和社會行為上的和諧。只有綜合意義上的健康，才能體現人類對健康追求的本質。

無獨有偶，太極拳的敬、緊、徑、勁、切五字要訣，以及頭直、身正、體柔、神莊、心靜、意遠、勁整、息勻的鍛鍊守則，均要求人體進行志、意、神、筋、勁、骨、精、氣的全面鍛鍊。概括可分為精神意識和形體物質兩方面，也就是神形兼備，體用兩全的科學修練目的，竟與現代的健康定義不謀而合。其健身原理有如下七點。

（一）重德養性

太極拳學首重修德養性，提倡「八心」「五志」的修養和培養，進行人體特殊的身心運動和思維鍛鍊，這是與中國的傳統醫學、養生原理相吻合的。

《藝文類聚·養生》云：「太上養神，其次養形。」《黃帝內經》亦指出：「恬淡虛無，真氣從之，精神內守，病安從來。」《養生論》中說：「修性以保神，安心以全身。」所謂修性就是修德養心，即道德修養、仁義、品性等。《孔子家語》亦指出：「大德得其壽」與「仁者壽」。高濂《遵生八箋》亦強調：「君子心悟躬行，則養德養生兼得之。」太極拳由養德修性增進健康，獲得長壽，德高者忘我，忘我則無欲，無欲則去「五難」（名利不丟為一難，喜怒不除為二難，聲色不去為三難，滋味不絕為四難，神慮精散為五難）。去「五難」則心靜，心靜則無為，無為則俞俞（愉快貌），俞俞則情怡神暢，神暢則心境平和寧靜。

心情愉悅、心理平衡則精神處於平穩輕鬆狀態，全身氣血調和，五臟六腑平衡，內分泌正常，人體免疫功能增強，人體康健。

幾乎國內外的研究都表明，所有保健方法中，心理平衡是最保健的措施。「心」「志」的磨練、心理的活動、思維的鍛鍊、平衡有否將影響生理的整個過程，是健康、衰老、死亡的先兆、起因和標誌，它幾乎可以抵抗其他所有的內外不利因素。

神經免疫研究也指出，良好的心境使機體免疫能處於最

佳狀態，對抵抗病毒、細菌及腫瘤都至關重要。

　　長壽學家胡夫蘭德在《人生長壽》一書中鄭重指出：「一切不利的影響中，最能使人短命夭亡的，莫過於不良的情緒和惡劣的心境。」

　　中國的傳統醫學、養生學也一向認為：「人之所以多病，當由不能養性。」如《素問·陰陽應象大論》篇認為：肺屬金，在志為憂；肝屬木，在志為怒；腎屬水，在志為恐；心屬火，在志為喜；脾屬土，在志為思。《淮南子·精神訓》說：「人大怒破陰，大喜墜陽，大憂內崩，大怖生狂。」嗜欲無窮，憂患不止，精神弛壞，榮泣衛除，神去意散，氣血逆亂，陰陽乖戾。七情太過，超過了人體所承受的能力，從而暴病或頑疾不癒也。

　　太極拳學倡導「八心」「五志」的身心鍛鍊和德性修養，其核心是誠心。誠心，天之道也。天之在我者德也，地之在我者氣也，德流氣薄而生者也。真誠能使鍛鍊者心理、生理、五臟六腑達到高度的平衡、調和、寧靜和安定。「安則物之感我者輕，和則我之應物者順，外輕內順，而生理備矣，形神俱也，陰陽合也，則無夭札矣。」

　　中國醫學亦認為「恬淡虛無，真氣從之」「清靜則肉腠閉拒，雖有大風苛毒，勿之能害。」這是因為當人的身心入靜安定之後，人的臟腑、肌膚、心血管、神經系統都在鬆弛狀態下，這時人神寧膽定，氣血調和，經脈暢通，陰陽互濟，臟腑吐納有序，眼耳鼻舌筋骨髓皆得到濡養和滋潤，身體自然強健康泰。且定能生慧，心境寧靜則清輕上浮，渣滓沉降，久而明心淨思，智能敏捷。

（二）動靜適應的有氧運動

我國的傳統醫學和養生學都強調養生以不傷本，亦即行不疾步，耳不極聽，目不極視，坐不至久，臥不及度。當今科學的最新研究亦表明，生命在於調節自身的生理平衡。

我國幾千年的文明、實踐更證明：生命在於動靜樂壽，生命在於動靜平衡，動靜合一，強度適中的有氧代謝運動。只有這種強度適當動靜平衡的運動才有益健康，因為動過則損、靜過則廢。

適度的動靜平衡運動僅指每次運動的始終，而且必須是經常性地從事這種運動，而不是一會兒靜至死寂，一會兒動如霹靂，也不是一暴十寒，三天捕魚、兩天曬網。

殊不知這種以偏糾全式的所謂動靜平衡運動，其效果往往適得其反。因為靜至死寂即是靜之過，動如霹靂即為動之過，一暴十寒即係過猶不及。

而太極拳從形式到內容都是最適度的動靜平衡的有氧運動，透過這一運動能調節、改善機體的生理功能，增強抵抗力，達到祛病延年的目的。

實踐和理論都證明太極拳這種強度適中、動靜平衡的有氧運動能加速體內脂肪、糖和蛋白質的分解，改善脂質代謝，提高心肺功能，減少血液循環的阻力，從而減輕心臟的工作負擔。還能使人吸入比平常多幾倍甚至十幾倍的氧氣，促使血紅蛋白量增多、肌肉營養物質充足、肌體免疫系統明顯增強，從而起到抵抗病毒、細菌的感染和抑制、殺滅體內突變癌瘤細胞的作用。它還能加快體液循環，促進組織新陳

代謝。太極拳這一有氧運動以及它的獨特氣法，即呼吸法，讓身體獲得充分的清新的氧氣，有效地使人心腎相交，水火相濟，使人神旺、氣暢、血融、骨強、髓翻、胸虛、腹盈，四體康健。

又太極拳借姿態來表現天、地、風、雲、龍、虎、鳥、蛇的形象意態，動作細膩，變化多樣，柔和緩慢，連貫圓潤。它是活動起來的雕塑和看得見的樂章，是一種徹底和諧的藝術，既淨化心靈，又鍛鍊身體。長期從事這一活動，使人心情歡愉、振奮、情緒高漲，消除不良的心境，紓緩心理上的壓力。

它能明顯提高大腦皮層和心肺系統的機能，促進中樞神經系統保持充沛的活力，並且使體內的抗衰老物質數量增多，有助於推遲肌肉、心臟和其他各器官生理功能的衰退和老化，延緩肌體組織的衰老進程。

此外，太極拳要求演練者從行雲流水、風曳楊柳、溪中浣紗、至靜至柔的行拳狀態中去整飭神經，和調心意，平順氣息，疏通經絡，暢舒血脈。防止心臟和動、靜脈以及數量眾多的毛細血管的阻塞，從而防治心血管疾病。因而太極拳被人們譽為心血管的保護神。

太極拳運動不僅可以加速體內脂肪、糖和蛋白質的分解，而且它還是減肥健身的最佳有氧運動之一。

我們知道，造成肥胖的原因除遺傳及身體內分泌功能的原因之外，目前最普遍的則是屬於食物性的原因，主要是由於人體攝入過多熱量轉化為脂肪，儲存在體內堆積形成的。肥胖者往往行動遲緩、體力下降、動輒汗流、氣喘吁吁、易

疲勞、易打盹、易生皮膚濕疹，伴隨肥胖而來的生理病理變化有冠心病、高血壓、糖尿病、痛風、膽結石、高血脂症、多發性關節病、癌病等。肥胖是健康的障礙，俗說「腰圍長一寸，壽命減一分。」隨著年齡的增長，不讓體重同步增加，才是健康長生之道。

太極拳所以能有效的消耗脂肪、保持正常體重和標準體形的奧秘，是因為脂肪作為人體運動時重要供能物質參與有氧代謝供能。在氧供充足的條件下，在較長時間的太極拳運動中，開始階段人體主要由糖供能，隨著運動時間延長，脂肪供能比例逐漸增加，最多可占總消耗的 70％～90％，運動有氧代謝的比例越大，脂肪的消耗越大，從而達到減肥的效果。太極拳「健美工程」的前景是十分廣闊的。

(三) 回歸自然的運動

太極拳能健體、療疾的另一重要因素是它能應順人類進化的發展規律，找到了克服由於進化而產生的弊病的方法，達到了人體上下、內外的平衡。

人類是從古猿進化到身體直立，脊（椎）骨豎起，臟腑垂吊直繫，上下壁立，呈壘疊擁擠狀態，以致各臟腑之間堆壓沾連，濕熱薰蒸，無法鬆靈摩蕩。且體內的血液受地心引力的影響，血液的重心和心臟的重力在垂直線上。心臟要推動血液循環，除了要克服血液在血管內運行時產生的摩擦力外，還要克服血液的重力，才能推動血液向高處循環，增加了心臟「泵」血的難度。

另一方面，人直立後，上下不再平衡，血液會更多地分

配到遠離心臟的心臟以下部位和器官，從而導致心臟、肺等心臟以上部位及器官的血液供應量相對減少，最高位的頭部器官及大腦的供血量更是不足。

由於人體直立受地心引力和血液分配的雙重影響，引起各種疾病在所難免，高血壓、冠心病、腦血管疾病、微循環障礙、關節炎、臟器下垂、痔瘡、腰椎病、白內障、結石、糖尿病等症都隨之而生。人類進化的同時也帶來了消極因素，它極大地縮小了人類適應自然環境的能力。

從上可以看出，解決由於直立而引起的弊病尋求健康長壽的途徑無非是讓人類回到動物時代。但這是不可能的，我們所能做的就是模仿龍騰、虎躍、鳥翔、蛇盤等返祖運動以及天地陰陽、風雲變幻的回歸自然運動。

進行水平、倒掛等姿勢的運動，以改變臟腑的懸掛方式，保持人體各部位承受地心引力的一致和血液循環分配的均衡，減輕心、肺等臟腑的負擔。

另一個途徑就是對心臟等臟腑提供良好的「支援系統」。而此系統非兩腳（腿）莫屬。腿是人類進化和從事生命活動的器官，它與人體內臟器官及內分泌腺有著密切的關聯，五臟六腑在腳底都有相應的投射區。兩腳有足三陰（脾、肝、腎）和足三陽（胃、膽、膀胱）六條正經運行，其中脾經和胃經是人的後天之本，主管人的消化吸收和營養；膀胱經是從頭到腳防禦外邪的入侵；肝經和膽經則主管人體氣血、精神、情志的調節；而腎經則為先天之本，貯藏精氣，主管人的工作精力和「生老病死」。加上奇經八脈，還包括主管人體活動的陰蹺和陽蹺，以及主管陰陽平衡的陰

維脈和陽維脈。

　　此外，人的腳掌密佈了許多血管，有豐富的末梢神經感受器，包含了人體的整個信息。太極拳加強了兩腿的活動，自然地激發了近二十條經脈的經氣。人體的經脈，內聯五臟六腑，外貫四肢百骸，經脈通暢，則氣血運行流暢，達到陰陽貫通、勻平一統的健康境界。

　　我們知道，腳離心臟最遠，當展腿伸足活動時，肌肉時而放鬆，血管擴大，血液容易向下流；肌肉時而收縮，血管收縮壓迫，把血液推向身體的上部。腿部的發達肌肉能為心臟提供一個很好的支援系統，每塊發達的肌肉相當一個輔助心臟，它使心臟的跳動更加緩慢、均勻、有力，更加健康。所以現代的醫學研究認為「腳是人體的第二心臟」。中國醫學也認為人類衰老是從腳開始的，俗說「樹老先老根，人老先老腳」。抗衰老的密碼在腳底就是這個意思。

　　高古拙樸、展蹙穿插、千變萬化的太極拳以及方圓互運、圓暢倜儻、情思繚繞的太極劍刀等的大量動作，都是要求身法在內外六合的情況下，變衍作水平以至倒掛式的運動，讓演練者經常優雅地「回到動物時代」，改變臟腑的懸掛方式，或雖在直立的情況下，上則虛領頂勁，以挈其綱領，下則尾閭斂垂，以豎其線路，運用太極拳特有的細勻深長的呼吸法，推動內氣斂聚，循沿經絡運行，促使濁氣外泄，精氣長存。使內外氣合而鼓蕩，息息歸丹田。則呼吸開合間，氣血流蕩，鬆摩五臟，輕蕩六腑，靈通經脈，從而克服了因身體直立而形成臟腑疊疊擁擠的弊病，使之相互間鬆蕩安適，避免了濕熱薰蒸之苦。

太極拳特別注重下盤腰腿功夫的鍛鍊，要求全身鬆沉、正中挺拔、頭虛頂、襠提落、鬆腰落胯、屈膝下蹲、兩腳開立、不丁不八，或提踵踮足，或足尖離蹺，或五趾輕抓，或足心含空，莊偉沉雄姿勢不僅傳遞了鬆弛平衡、穩健自信的信息，而且虛實分明、輕靈活潑、圓融鬆沉、穩固厚重、邁步如貓行的承重型步型步法，使下盤腰腿穩固有力，足膝輕捷靈活，從而充分地鍛鍊了人的「第二心臟」，使心臟有了強勁的支援系統。

我們老祖宗的智慧結晶——太極拳的健身手段竟和現代的科學健身理論不謀而合，不能不使我們對中華傳統文化引以自豪。

(四)暢通排廢

為了健康長壽，人體在生存和生長過程中的代謝產物「三廢」要及時淨化和處理。廢水由腎臟、皮膚等淨化排放，排廢氣則由肺、氣管、腸肛擔任，排廢渣則由直腸進行。這些擔任疏泄功能的臟器猶如城市的下水道、排氣管或垃圾處理中心，不給出路是要引起嚴重後果的。

俗說：「天有三寶日、月、星，人有三寶精、氣、神。」天無日、月、星辰，自然界則黑暗無光；人無精、氣、神，就不能維持生命活動。但現代的人們往往忽視人體生態環境中幾件不起眼的另類寶貝，這就是流汗、放屁、打噴嚏、大便等。

現代人刻意讓生活過得舒適，身上的疏泄寶貴機制正在不自覺地失去或發生障礙。食風西化，食不厭精，食得太豐

盛，餐餐魚肉葷腥，蔬菜較少，粗糧絕跡，大便便秘，甚至連屁都不會放了；夏天家裏、辦公室以及交通工具都有空調設備，哪有機會讓人流汗；冬天有暖氣，夏天有冷氣，四季如春，時間一久，失去了對冷熱的感應能力，連噴嚏也不會打了，一旦打噴嚏，已經被感冒病毒大舉入侵了。

晉代養生家葛洪在他的《抱朴子》中說道：「若要長生，腸中常清，若要不死，腸中無屎。」漢代學者王充也有「欲得長生，腸中常清，欲得不死，腸中無滓」的類如名句。日本的沖正弘曾撰文指出：「身體僵硬，神經焦躁，心情惡劣就是因為殘留的糞便及其廢氣多。」可見體內大腸的生態，影響我們存在的各個層面，包括生理、心理、靈性的安危，關係到五臟的功能。

中國醫學認為腎主五臟、職司「二便」，腎陰不虛則精血充足，津液不竭，大腸自能得其潤養；腎陽不虛則陽氣運行，大腸氣機通利而傳送正常。此外，肺腑的功能也會影響大便，這是因為根據中醫的原理，肺與大腸互為表裏，肺氣下降則大腸腑氣亦通。

由此我們可以得到一個重要的結論：除飲食的原因之外，臟腑內在機制的平衡是克服「陽結」「陰結」「脾約」（即便秘）的最根本的途徑和手段。而太極拳正是強調志、意、神、筋、骨、精、氣的全面鍛鍊，達到陰陽和五臟六腑的平衡，經絡氣血的通暢，從而保證濁陰之物暢順，及時排出體外，維護健康。

可見太極拳運動不僅僅是做表面的清潔工作，而是清洗腸胃等做體內的清潔工作，這是很重要的保健，是自古以來

眾多太極拳家健康長壽的秘訣。

出汗是生理性的調節功能，是防止人體過熱的一種機制，是人的生理使然，是人的健康需要。科學的研究表明，汗液除了清洗皮膚外，還可以協助腎臟將體內有害的化學物質排出體外，從而減輕腎臟的負擔，減少內臟疾病的發生。

《黃帝內經》指出：「汗為心之液。」這是因為出汗與人的心理、生理有著密切的關係，如精神緊張、植物神經失調、交感神經興奮、心慌等會暫時多汗；半身出汗，則是中風的先兆，夜間入睡後盜汗則常見於肺結核等；胸口出汗，則是思慮過度，黃汗並帶有特殊的腥味，則常見於肝疾；全身性臭汗常與多汗症併發，亦可見於傷寒和敗血症；大汗淋漓不止，四肢冰冷，呼吸微弱者為絕汗，此為危重病症；急性熱病中，嚴寒戰慄而出汗者，稱為戰汗；糖尿病人的汗微帶芳香。

這些不因氣候、厚衣、勞動或鍛鍊運動而汗自出者稱自汗，往往是體質虛弱或久病未癒陽氣不足所引起的。由此可見人們出汗是否正常，汗液味、色異常有否，可以作為某些臟腑器官疾病的指示和人體健康狀態的櫥窗。

雲舒風捲，鳥翔蛇盤。在心不胡思、意不外馳、精不妄動、氣不輕浮、神不亂遊的要求下，太極拳需要近二十分鐘的鍛鍊。

集意凝神、神氣鼓蕩、內氣潛轉、輕柔舒捲、沉著圓融、動靜有致、亦圓亦方、行雲流水、八法貫穿、變幻莫測、情思繚繞、氣象萬千、雲水緩流式的太極拳功勁的鍛鍊和積累，都須經過滴水穿石之恒心毅力的過程，才能致使精

神熔融軀體，心意順達四梢，功勁通透體態，氣血遍佈經絡臟腑，從而在有氧代謝的情況下，保證太極拳運動的質和量以及適量強度，使人汗水濕潤、通體爽透而又絕不過量。如此六經通道疏通，「水道」通調，疏泄平衡，人體氣血旺盛，精力充沛，免疫能力提高，百病自然難侵。

（五）涎液漫生

太極拳行拳過程中要求演練者口齒輕閉，舌微捲輕舐上腭，意念牛郎（舌頭）織女（小舌頭）鵲橋（上腭骨）相會。這樣唾液自會從腮腺、頜下腺、舌下腺以及唇、頰、舌、腭和口底黏膜下的小唾液腺源源不斷而來。正常人的每日分泌量為 1000～1500ml，而練太極拳的人可以增加近一倍至數倍，視各人練功的成效而異。

唾液又稱涎液，俗稱口水或唾沫。古代的練功者、養生家則借喻口腔為「玉泉」，把練功湧出的涓涓唾液稱之為「玉泉水」「天河水」「金津」「玉液」等。我國自古就流傳「白玉齒邊有玉泉，涓涓育我度長年」的詩句和「幹了天河水，壽命不長」的民諺，充分說明了唾液對於生命的重要意義。

中國的醫學認為：「唾液乃氣血化生，口唇得此而華，脾胃得此而和，水穀得此而化。」又認為「五臟化五液，心為汗，肺為涕，肝為淚，脾為涎，腎為唾，是為五液。」值得注意的是「脾為後天之本，腎為先天之本。」既然唾液為脾腎所化，那麼，唾液就與人的先天和後天，即人的生命與健康切切相關，所以就有「有一分津液，便有一分生機」

「存得一分陰津，即存一分生命」「舌如風乾荔枝者死」的科學論斷。

《本草綱目》和《醫宗必讀》都記載著：唾液盈足，則精氣常存，顏容不槁，眼明耳靈。因而中國傳統文化武術，尤其是內家拳藝、氣功、中醫學，雖然流派不同，功法各異，但對於唾液這種無上珍品的重視卻是一致的，都注重玉液還丹，咽津納氣，灌溉臟腑，潤澤肢體。

科學研究表明，唾液含有許多寶貴又神奇的化學成分，是人體抵抗疾病的一道重要防線，是人體免疫系統不可忽視的部分，是天然的防腐劑，民間用口水抹傷口能癒合的道理就在於此。

此外，唾液腺還能合成一些人體極重要的激素，如腎上腺皮質激素，它能促進鈉的重吸收，對調整人體電解質平衡有重要作用，可防止因鈉鹽過多形成的水腫或高血壓病。

人們經由太極拳的鍛鍊，可以保持唾液的旺盛分泌，並充分利用唾液腺激素延緩人體機能的衰老。

由於唾液腺的這些重要功能，使太極拳、氣功、傳統中醫治療高血壓、心血管、腸胃道、呼吸道、癌瘤等疾病不僅有了實踐的證明，而且也有了充分的理論依據。

(六)復腦運動，健腦平衡

我們知道太極拳學是動靜、虛實、開合、吞吐、剛柔、攻守、奇正、上下、內外、左右、進退、陰陽矛盾的辯證學說。它的運動方式充分反映了生命的內部矛盾及每一對矛盾的兩個方面不但對立、排斥、制約和鬥爭，也相互聯結、依

存、滲透和轉化這一規律，從而證明太極拳是一種最名副其實的全身運動和交替運動。

顧名思義，它是一種使人體各系統生理機能或機能之間通過動靜、虛實、開合、吞吐、剛柔、攻守、奇正、上下、內外、左右、進退、陰陽的交替，由簡入繁進行二元或多元交替運動鍛鍊，克服對偶失衡的鍛鍊方式。

而對偶失衡往往導致人體生理機理的偏用或偏廢，過用則損，廢用則退，損傷和退化均是致病和衰老的因素，也極大地縮小了人類適應自然環境的能力。

我們知道，人的智慧、精力、記憶力等高級精神活動是通過大腦實現的，大腦的兩半球分別支配著對側眼、耳、肢體等器官的感覺和運動。

人的肢體，特別是上肢，是「外部的腦」，也即「人的第二大腦」，它的運動也給大腦發育提供了條件，而大腦這個人體司令部的健全卻是健康長壽最重要的保證。

研究表明，在一個人的大腦皮層上有一百四十多億個細胞，一生中啟用的只有 10% 左右，約 90% 的腦細胞如一片荒蕪的處女地尚待開發。

而太極拳對偶平衡的交替肢體運動，令左撇子開發了荒蕪的右大腦，使右利手開墾了荒蕪的左大腦。大片荒蕪的處女地的開發，大大提高了大腦利用率，改變了左右大腦超負荷運轉或運轉不足的失衡情況，給我們的健康和長壽帶來意想不到的奇跡。

日本等醫學專家調查研究發現，開發荒蕪的左（右）大腦，能大大減少發生腦血管破裂出血中風的機會，還可醫治

白內障及重聽等疾病。

一般運動，就右利手而言大都在大腦的左半球起作用，左撇子則反之。而太極拳左右交替平衡的運動方式，即虛實分明，虛中有實，實中有虛；開合有致，開中有合，合中有開；剛柔相濟，柔中有剛，剛中有柔；奇正相生，奇中有正，正中有奇……的交替對偶平衡運動，則在大腦的兩個半球同時起作用，所以太極拳可稱「復腦拳術」，亦即「復腦運動」，它為人類健康、長壽、祛病、益智，開發人體的潛能帶來了廣闊的前景。

(七)德高身正

人在無窮天幕下，感受百年滄桑，身心傷痕處處，曰病，病把人拖向不歸路。然而舉世公認的導致人類疾病、影響健康的罪魁禍首，既不是癌症亦不是愛滋病，而是不良的生活方式。

我們在長期從事太極拳的教學過程中奇怪地發現，凡是較長時間從事太極拳鍛鍊的人，大都舉止端莊、性情和易，都很難發現其有不良的社會習氣和不良的生活方式。即使原先有些不好生活方式的人，經過一段時間的鍛鍊，也自動克服了這些習慣。

這一奇特的現象引起了我們的關注和研究。我們發現，太極拳並不缺乏那雍穆和平大海似的幽深，它不追求凝固的靜止永恆，而追求靜勢動態的平衡，動中的秩序和和諧，自然與人的相對應而一致。

經過太極拳特定的基本八法和法則，以及「五字要訣」

的鍛鍊和薰陶，逐漸使演練者明白了中庸，找到了平衡點，只有平衡才有包容性，才能改變人的心靈、性情、氣質和風貌，才能提高人的修養和理性。心靈的寧靜和情緒的穩定，使機體處於高水準的協調一致；氣質的改善，修養的提高，則化粗魯暴躁為柔情和平，從而避免了憤世妒俗的惡劣心境，防止了心理的嚴重傾斜。心理的平衡必然導致五臟六腑的平衡，生理機能的平衡，也就從根本上防止了人沾染上不良的社會習氣和生活方式。

我們都知道如癡食、抽煙、酗酒、吸毒等不良嗜好，其實是很多人在高壓、緊張下尋求減壓、舒緩、解脫的一種手段和方法。

其結果往往是用酒消愁愁更愁、吸毒避世永無期，不但浪費了金錢，損害了體質，也嚴重地扭曲了心靈和靈魂。

太極拳以誠為本、敬為上的德育觀，要求演練者持其誠作正道的修養，持其志毋暴躁其氣，則心清明性，可斂浮氣而增定力。

太極拳以形為本、神為上的修練觀，更超越了一般拳術重意不重形或重形不重意的偏差。形者，神之本；神者，形之用；無神則形不可活，無形則神無以生；神為形所生，形依神而存。體現了形神對立統一的樸素辯證法思想。

正是太極拳獨特的形與神俱修練的修練觀，由塑形，俗稱擺架子，達到身正、體柔；由貫勁，達到息勻、勁整；由抒意，達到目平、意遠；由追神，達到心靜、神莊。使演練者在精、神、意、志、筋、骨、勁、氣各方面得到全面的鍛鍊，達到身心內外的全面平衡，從而使人克服和遠離不良的

社會習氣和生活方式。這就是為什麼長期練習太極拳的人，其待人、處世、辦事、理家、治國均可達符中和之道，可達致和衷共濟之功。

　　太極拳的效果遠不僅止於拳術，它使我們的生活品質也得以提高，使我們從外在的功利走向內在的德性，走向道德的偉大。

第二章　太極拳法旨要

太極拳術是門藝術，顧名思義，藝而有術，術存藝存焉，術至精，方得藝至善。術不能明其理，曉其義，應於心而現於形，何以成其藝？術者法也，「法」之名有八，曰「八法」，乃心法、志法、意法、氣法、眼法、身法、手法、步法。

一、太極心法——即合德法或圓德法

太極拳，不僅鍛鍊身體，自衛，尚有重要意義存焉。就傳統而言，首重德性，隆德尚禮，非困厄而不發的原則是它的光輝典範，它完全符合我國人民溫良恭儉讓的美德。「德無不備稱圓」的太極拳要求道德的圓滿和技藝上的完臻相統一，要求操持者德藝雙馨，因而倡導「心」的修養。

《至遊子》有云：「心者，一身之主，神之帥也。」《素問・靈蘭秘典論》曰：「心者，君子之官也，神明出焉。」中國古典醫籍《靈樞》曰：「心者，五臟六腑之寶也。」《拳權洞極》曰：「心者，降官，為君子之官，思慮智謀神化之源。」楊氏家傳手抄古譜《人身太極解》曰：「人之周身，心為一身之主宰，主宰太極也。」因此，心就

是一身之主宰，萬物之類應，合德運一之太極。

而人生之初，都有一個「性」和「靈」，此為人之本。故謂之心性（性心）、心靈（靈心）和性靈（靈性）。《養生修真證道弘典·天人萬物性見論》曰：「人之性，具有先天與後天這兩方面之特點，先天之性，妙在無欲，後天之性，本具有貪。」故人之四性分別為：

無心無貪，謂之天性，天性無欲。
有心有貪，謂之人性，人性有欲。
無心有貪，謂之獸性，獸性嗜欲。
有心無貪，謂之真性，真性泯欲。

《張三豐道術武術匯宗·學太極拳斂神聚氣論》一文說：「學太極拳，須以養心定性，聚氣斂神為主，若心不安，則性擾之；氣不聚，則神亂之。心性不相接，神氣不相交，則全身四體百脈，莫不盡死，雖依勢作法，無效也。」所以，太極修練之道是養心定性，泯欲正心以求真性；聚氣斂神，無欲存心以歸天性；虛無驅妄，絕欲明心以臻神明。蓋因心屬火，外實而內虛，因虛無而海涵，因虛無而藏神，因虛無而神明。

能識四性，便為知道。對太極修練者而言，即於一切時中，行住坐臥，常行直心。直心者，心境澄明，排除雜念，去掉遮蔽的真心也。也就是說，處心宜直，以真心對拳道，放曠隨緣，時時保持中和恬淡的心神。

恬淡養神自安於內，清虛棲心不誘於外，則拳道之

「真」領悟於心而出於手，呈現於拳術。

　　試問練功習武者，機械生於內，名利擾於外，犬馬聲色之事亂其神，富貴榮辱之念繫其心，思想意念時起波瀾，心無片刻寧靜，靈魂出竅，神無片刻安定，行拳走架，好比行屍走肉，則內功何以長？陽壽何以增？

　　人是身體與心神之共融，「放心」難收，心慮散亂以後，很難收斂凝靜；心粗氣浮以後，再難潛心會悟。只有心志淡泊自在，才能導致身心的寧靜致遠，使健康和功夫漸入佳境。正如孫劍雲所說：「追求恬淡虛無這種心境，正是為了使我們能夠做到漸修的持之以恆，並在這漸修中能淡化諸欲達到靜悟。悟者何？拳與道合耳。」孫祿堂說：「若想打天下第一，請另尋高明，若要修心健體防身，吾之所授，綽綽有餘。」此訓之目的就是誘導後學者建立正確的修為心態。非如此，不能真正認識太極拳，非如此難登太極之殿堂，因為太極拳是一種修為和完善身心的拳學體系，入於虛無則合於道。「與天地並立，與太虛同體」的境界的實現乃是虛靜之心的必然結果，捨此別無他途。

　　老子曰：「人神好清而心擾之，人心好靜而欲牽之，若能遣其欲而心自靜，澄其心而神自清。自然六欲不生三毒消滅。」西漢劉安《淮南子・原道訓》曰：「心不憂樂，德之至也；通而不變，靜之至也；嗜欲不載，虛之至也；無所好憎，平之至也；不與物散，粹之至也。能此五者，則通於神明。通於神明者，得其內也。」陳鑫《太極拳推原解》曰：「心主乎敬，又主乎靜。能敬而靜，自保虛靈。天君有宰，百骸聽命。」太極拳敬以直內，外之整齊肅穆，內之虛靜統

一，敬靜之功夫也；行拳練功，抱神以靜，如見大賓，敬靜之氣象也；篤恭以安身，虛無以靜心。身體之強健，功勁之充沛，拳藝臻神明，又何疑乎？心意虛靜，終躋渾然，此太極之道也。

楊氏家藏古抄本《三十七周身大用論》曰：「一要性心與意靜，自然無處不輕靈。」孫劍雲在《怎樣練好孫氏太極拳》一文中說：「心定神寧，神寧心安，心安清靜，清靜無物，無物氣行，氣行絕象，絕象覺明，覺明則神氣相通。」

所以心性的敬靜虛無，既是太極拳不盡的源泉與活水，亦是學習太極拳登堂入室、階及神明的階梯。論治於心，主要有「八心」：

　　誠心——誠其心，待天下之人。
　　容心——大其心，容天下之物。
　　虛心——虛其心，受天下之善。
　　平心——平其心，論天下之事。
　　潛心——潛其心，觀天下之勢。
　　定心——定其心，應天下之變。
　　仁心——仁其心，愛天下之生。
　　忍心——忍其心，忍天下之辱。

太極拳又有「五心」之說。即信心、決心、恒心、耐心和精心。拳家多主張「五心歸一」，「歸一」即歸於吾之一心，也就是讓「五心」在自己的心靈深處紮下根來。「五心」「八心」包羅稱之為合德或圓德，才能處驚不變，榮辱

不驚。

在道德的規範方面，太極拳更有一些具體的要求。其中有「五不可傳」「八不可傳」「十不可傳」和「五可傳」。

五不可傳

第一，心險者——心眼狠毒，行事險惡者。

第二，好鬥者——好勇鬥狠，挑撥是非，缺乏修養者。

第三，狂酒者——嗜酒貪杯，酗酒滋事者。

第四，輕露者——肆意妄動，輕狂虛偽者。

第五，骨柔質鈍者——身體虛弱，智質愚鈍者。

八不可傳

《口授穴之存亡論》曰：

第一，不授不忠不孝之人。

第二，不傳根底不好之人。

第三，不授心術不正之人。

第四，不傳魯莽滅裂之人。

第五，不授目中無人之人。

第六，不授無禮無恩之人。

第七，不授反覆無常之人。

第八，不授得易失易之人。

此須知八不傳，匪人更不待言矣。

十不可傳

一不傳外教。

二不傳不知師弟之道者。

三不傳無德。

四不傳收不住的。

五不傳半途而廢的。

六不傳得寶忘師的。

七不傳無納履之心的。

八不傳好怒好慍的。

九不傳外欲太多的。

十不傳匪事多端的。

五可傳

《口授穴之存亡論》曰：

「傳忠孝知恩者，心氣和平者，守道不失者，真以為師者，始終如一者。此五者，果其有始有終不變如一，方可將全體大用之功授之於徒也。」

　　此可傳與不可傳雖是以「心」為最高標準，對擇徒傳人所作出的規範，亦是對太極修為者為人俠義，為拳清純所作的嚴格要求。對於涉及太極拳的人，無疑有深刻的意義。

二、太極志法 ——即練志法

　　志者，意志也，情志也，心者也。孟子曰：「夫志，氣

之帥也；氣，體之充也。夫志至焉，氣次焉。」可見相對於
現實中人的生命，志比氣更為根本。中國醫學認為：「肝志
為怒，心志為喜，脾志為思，肺志為憂，腎志為恐」，統稱
「五志」，泛指五種情志的變動。古典醫籍《靈樞》中說：
「悲哀憂愁則心動，心動則五臟六腑皆搖。」可見情志對於
人的健康以及太極拳的修為是何等的重要。我們決不可因為
此非一招一式的拳術而有絲毫的輕視和忽略。

太極拳在「志」的方面對太極拳修練者的要求為：

志存高遠——則目標遠大，習拳一生，弘傳不朽。
情志淡泊——則自甘寂寞，樂於清貧，豁達超然。
意志堅韌——則百折不回，不屈不撓，無堅不摧。
心志高潔——則傲骨正氣，德溥風薰，冰心玉潔。
志趣典雅——則自無俗態，賞心悅目，韻致典雅。

以上心志、情志、意志的薰陶、培養，則是人體的一種
特殊的心身運動，是太極拳外的功夫了。俗說「功夫在拳
外」，拳法藝術，甘苦千重且奇妙無邊，注重於演繹拳外的
境界，注重於表現內心的世界，這是很多武術家的成長道路
所證實了的。

如果一個人只知傻練拳術，不注重道德的培養，心志、
情志、意志的陶冶；不多讀些書，多些書卷氣，拳心文膽，
武事文備；不多遊一些山水，師法造化；不多走一些「江
湖」，以武會友，多考驗一下拳術，拳藝是不可能精湛的，
格調是不會高古的，氣息是不會清雅的，韻致是不會生動

的，拳就難得以逆運之妙而歸於文，難得以縱放恣肆之妙而歸於清，難得以直抒心胸之妙而歸於逸，難得以豁然貫通之妙而歸於神。

這是因為太極拳是我國古老文化的產物，是我國特有的文化所孕育出來的一顆光芒四射的明珠。它不只是招式姿勢那麼簡單，是大智大慧的集成。在悠久的歷史長河中，在古老文化哲學思想的薰陶下，經過無數先軀者的實踐、創造，逐步形成、完善，至今已是一種民族精神的載體，傳統文化的沉積。

所以，只有通過拳外功夫的薰陶，外師造化，中得心源，太極拳才能如行雲流水，無拘無束，噴薄而出，氣韻生動，自然天成。才能由清秀走向拙朴，由俊美走向深厚，由嚴謹走向飄逸自由，由清晰具體走向抽象意念。洗盡鉛華，清雅脫俗，大氣磅礴，獨領風騷。

我們不能想像，一個人練武習拳，沒有心志，能夠得到內之足以統領群藝，外之足以吸納文明的太極拳的韻味和魂魄。我們必須充分認識太極拳是身心性命之學，是身心合一、體用兼備之術，更要認識人的體魄是載知識之車和寓道德之舍。

明道立德是整個太極拳的綱領和精神，離開了這些，太極拳也就失去了其存在的價值，也就失去了生命。

蘇東坡曾自謂：「我書意造本無法，點劃信手煩推求。」東坡雖言書法，然書拳相通。拳由心造，以心造拳，跡由志出。故我輩須練拳先練人，練人先練心志，心志能獨造，則拳之境界何愁不出，此乃千古顛撲不破之真諦。

三、太極意法 ——即用意法

心之動為意，所謂意就是練功者行功時大腦皮層高級神經中樞的意念活動，是大腦思維。

在太極拳學的範疇中，心之與意常常是相連互用而難以理清的，故有心意之說。如陳鑫句：「每著全在心胸，用心太過，失之拘束，不用心失之懈怠，是在有心無心之間。」此句前提「每著全在心胸」，故後續之句亦宜用「心」而棄「意」，然若用「意」替代之，義亦無不通。

太極門秘承三大要訣之一為：守心不守意，心主知覺，意為識感，發功之際，當常守心主神明之性元知覺，而不問內生外感之各種識感雜念。

可見心與意尚存區別，這就是心為意之主，意為心之副，心動則意起，意起則氣隨，意到氣到，氣到勁至，勁斷意不斷，意斷神相連，意之所向，神即前往，全身因運動而行發勁，勁行體內，達於四梢，形於體外。

人之運動源於意，意蘊、意趣、意境在拳術中最為重要的地位不外乎意立技存、意失技亡的道理。技巧猶如骨骼血肉，意則是精氣神，是靈魂。

太極拳不在外面而在內，動作為外，安為逸，如行雲流水；心意在內，逸主靜，而心曠神怡。

行拳走架當以靈魂般的意去統帥血肉般的技巧，去突現靈魂般的意及意念活動。

吳式太極拳傳人吳英華、馬岳梁說：「『意』放第一

位，否則所有招式動作，都好比行屍走肉，沒有靈魂，只是軀殼的活動，在增進健康方面是打了折扣了。所以『意動身隨』『勢勢存心揆用意』。」而意之於身有整一統和之性，平衡協調之能。太極用意須在精神，意不使斷虛不致散。

拳家常言：「意到氣到，氣到則勁自到。」《沈子拳法•精氣篇》曰：「拳別上下，用意為上，運氣次之，拼力最戇」「用意在身，取法乎上。意來氣至，氣至勁放」。明乎此，則心、意、氣、勁四者歸一，練習日久，自能達到意之所至，氣即至焉；意有所注，氣有所歸了。

然而「意注」不同於「意守」，古來拳家行拳既不採用「意守丹田」「意守湧泉」，也不強制採用「意注丹田」「意注湧泉」。攝心入靜，順其自然，亦僅在有意無意之間，此即所謂心無其心心空也，身無其身身空也，拳無拳，意無意，無意之中是真意。練拳至此與太虛同體之境界，用之而神妙莫測。

應敵制勝，雙方交鋒，兔起鶻落，瞬息萬變，間不容髮，須眼觀六路，耳聽八方，客觀上也無法意守或意注丹田的。拳家常說氣沉丹田，那是採用腹式呼吸法而使氣能下行，虛胸實腹，穩固下盤的自然現象，而絕非意守或意注丹田之謂。更有錯誤所謂氣注丹田的，須知腹腔乃腸胃肝臟之舍，非盛氣之所，以拼命下腹充實大肚子為能，以為此即丹田氣，則大謬也。

有一些拳家將靈活之身練成大腹便便，除了一些遺傳方面的原因之外，與不明就裏受到錯誤的理論指導不無關係。正如南夫子懷謹所說：「（有人）於是一概不管老子前言的

『棄欲虛心』的先決條件，便只從『實其腹』的守神、練氣、存想、守丹田等五花八門的方法上去修練，於是弄得大腹便便如富翁，一副滿面紅光發財相，就算有道之士，到了最後仍然跳不出一般常人的規則，還不是落在高血壓或心臟病等的老病死亡之列。」

近代更有一些冠以氣功太極拳的練功者，提倡意念、意守，甚至荒唐地要人們用意念意守丹田等穴位，還要想出有一團火燃燒，由於意守過度，造成氣滯不通。

中醫經典指出：「百端皆生於氣也，怒則氣上，喜則氣緩，憂則氣沉，思則氣結，悲則氣消，恐則氣下，驚則氣亂，思則心有所存，神有所歸，正氣留而不行，故氣結也。」

氣結就是氣滯不通。從而損害中樞神經功能，使神經功能失去平衡，以至出現視覺、聽覺、嗅覺等障礙。更有甚者產生類似精神病的幻覺症狀，可悲的是這些不良反應，卻被某些人視為所謂氣功的神奇療效。這是不懂科學練功，不懂醫學知識所造成的惡果。

從這一點來說，太極拳與養生氣功，兩者在理論上方法上並不是完全相同的。雖然從延年益壽這一長遠目標來說是一致的，但兩者近期的目的卻不盡相同，這就決定了它們在理法上的某些差別。

這些差別也就是它們的特殊性，有些人盲目地將氣功的一些特殊內容胡亂地套在太極拳上，就非驢非馬，因不能「稱心適意」而莫問收效矣，更遑論欲得個中訣竅了。

四、太極氣法——即呼吸法、吐納法或調息法

氣的概念最為廣泛，在中國的哲學史上是一個極為重要的範疇，無論在人文、宗教、中醫、武術上都有其特定的意義。不同的背景可以作出不同的詮釋。

講氣比較早的代表人物是宋鈃、尹文。戰國後期，管子等道家學派提出了「精氣」學說，認為宇宙本源即「精氣」。《易傳·繫辭上》說的：「精氣為物，遊魂為變」即是認為「精氣」是構成宇宙「物」的原始物質。

東漢哲學家王充在自然觀上提出了唯物主義的「元氣」學說，他在《論衡談天》中說：「天地，含氣之自然也。」又說：「天地合氣，萬物之生。」認為「元氣」是天地一切物質的基本物質。古代的唯物主義哲學儘管學派不同，但都無例外地認為「氣」是宇宙萬物的本源，一切物質都是由「氣」構成的。

然「氣」之為氣，正如南夫子懷瑾所說：「如道家所說的『氣』有三種不同的寫法和意義，必須知道。古代道書上的『氣』寫作『炁』。『炁』這個字的上半部就是後世的无字，下面四點則代表了火（在五行之中，心屬火，所以無火之謂『炁』。做到息心清靜、內心澄明、外魔不動之境，才是真『炁』氤氳的境界）。

那麼無火之謂氣，並非指空氣的氣，也不是呼吸的氣（就人體而言，當是指秉受先天之氣，即元氣、原氣、真氣）。現在用的這個『氣』字，下面有一個米字，是指人們

吃了穀物等食物所化的氣（即所謂水穀之氣）。還有一個簡體字的『气』，是指空氣的氣。」

由此可知人體之氣從來源上說，不外有先天、後天之分，稟受於先天的稱為先天之氣。先天之元氣包括元陽和元陰之氣，發源於腎，藏於丹田，循三焦，走膜絡筋脈，通達全身，推動五臟六腑等一切器官組織的活動，故元氣為人之本源和物質基礎。

宋書銘傳抄太極拳譜《四性歸原歌》詠：「世人不知己之性，何能得之人之性？物性亦如人之性，至如天地亦此性。我賴天地以存身，天地賴我以致局。若能先求知我性，天地授我偏獨靈。」

此歌之四性謂人性、物性、天地之性。性是事物的本質和特點。「四性」歌科學地說明了人依賴天地可以生存，天地也因人而成為世界而盡其用。

宇宙的大天地與人之小天地，先天之氣與後天之氣是密切相關的。如果能充分認識到這一點，天地就將賦予人以獨特的靈性和靈氣，這一獨特的靈氣就是渾一的中和之氣。

太極拳運動中的「氣」與此是一致的。先輩孫祿堂形容它：「不仰不俯，不偏不倚，和而不流，至善至極……其氣平時洋溢於四體之內，浸潤於百骸之中。無處不有，無時不然，內外一氣，流行不息。於是拳之開合動靜即據此氣而生；放伸收縮之妙，即由此氣而出……開合象一氣，通陰陽，即太極一氣也。太極即一氣，一氣即太極。」此「太極一氣」即為太和或中和之氣。

然太極拳之氣法須從淺近之利用肺器官之後天呼吸，即

於調息外氣而入門，利用丹田之先天呼吸，即於調息內氣而登堂入室。

太極拳道，雖不求有氣，然中和之勢自然孕育了勁氣沛鎧。若為求氣而違自然，氣將緣何以中和？所以，太極拳的呼吸方式是自然應激的反應，不以自己的意志去強制形成某種方式，更不刻意去促進這些呼吸方式的強度，無論是先天抑或後天之呼吸。

氣者人之根本也，呼吸、採取、吐納是生命活動的特徵之一。採取、吐納者，採天地之靈秀，取日月之精華，吐胸中之惡濁，納自然之清虛也。和心跳一樣，呼吸吐納是生命的重要象徵，是人的生理規律使然，是人體的本能。

據有關典籍記載：「肺為氣之腑，氣乃力之君。大凡肺強之人，其力必強，肺弱之人，其力必弱。」這是因為呼吸機能的減弱，影響神經的傳導，肌肉的收縮，腺體的分泌，細胞的生長，從而影響身體健康。就武術領域來說，當然也影響到拳家功夫的長進。

研究人員說，肺功能，即呼吸功能的強弱，既是一個人總的健康狀況和精力的標誌，也是一個人生命力的直接表現。一些國家已經把肺活量作為檢測人的衰老的首選項目之一。科學家們指出，肺活量低的人不能指望跟肺活量高的人一樣同享高壽。

因此，改善我們的呼吸功能，是人們延年益壽，也是練拳習武者增進「內功」的一條行之有效的途徑。所以從事氣功和武術等運動者都注重呼吸問題，尤太極為甚。

（一）太極拳呼吸有四忌

1. 忌用口呼吸

宋書銘傳抄太極拳譜《十六關要論》曰：「息之於鼻，呼吸往來於口。」應用鼻呼吸，這是因為鼻子在人體中屬於呼吸系統，與咽、喉、氣管和支氣管共同組成人體內的呼吸通道，其由外鼻、鼻腔和鼻旁竇所構成，是一個理想的「空調機」。由於鼻腔內黏膜上具有豐富的毛細血管，有收縮和擴張功能。無論環境多麼惡劣，氣候是否變化無常，都能進行不斷的調節。這樣當外界的空氣經過鼻子的通道時，經由腔內循環的散熱或加溫，以及黏膜的調節，使進入的空氣接近於體溫，從而避免了下呼吸道因氣溫過於懸殊而受到不良刺激。

其次，鼻子是一個奇妙的「調濕器」。由於鼻腔內黏膜上含有大量的黏液腺、漿液腺及杯狀細胞，它們在每晝夜可以排出約一升的液體。這些液體，除一小部分流入咽部外，大部分起潤濕進入鼻腔內空氣的作用，保證進入鼻腔內的空氣相對濕度始終維繫在 75%，從而有助於氣管內的纖毛運動，以及肺泡內氣體的良好交換。

此外，鼻子還是良好的「過濾器」。當濁氣（含煙灰塵埃、細菌及有毒物質的氣體）經過鼻子通道時，鼻子的第一道關──鼻毛，就能阻止這些不速之客的入侵。有幸經過第一道關卡者，還會被鼻腔內的溶菌和抗病毒的免疫球蛋白所清除，從而達到初步過濾的目的，避免侵襲肺部。

用鼻呼吸還可使呼吸細、勻、深、長。呼吸時舌自然抵上腭，口虛合，面容正色從容，吸入呼出，勿使有聲，心腎相交，下照海底，內收丹田，息息歸根。

2. 忌太猛太烈

《十三勢行功心解》曰：「以心行氣，務令沉著，乃能收斂入骨，以氣運身，務以順遂，乃能便利從心。」又曰：「能呼吸，然後能靈活。氣以直養而無害，勁以曲蓄而有餘。」

陳鑫《太極拳推原解》曰：「清氣上升，濁氣下降……其為氣也，至大至剛。直養無害，充塞天地……渾灝流行，自然一氣……中和元氣，隨意所之。」

楊澄甫《練法十要》曰：「不強用力，以心行氣……呼吸自然，一線串成。變換在腰，氣行四肢……」

武禹襄《四字密訣》曰：「敷：敷者，運氣於己身，敷之彼勁之上，使不得動也。

「蓋：蓋者，以氣蓋彼來處也。

「對：對者，以氣對彼來處，認定準頭而去也。

「吞：吞者，以氣全吞而入於化也。

「此四字無形無聲，非懂勁後，練到極精地位者，不能知全。是以氣言，能直養其氣而無害，始能施於四體。四體不言而喻矣。」

可見古之太極宗師皆推崇氣宜直養而無害。直者，自然、和順、深長、細勻、潤暢也。歷來拳家也主張先天之氣宜穩，後天之氣宜順。前者是指以心行氣務沉著，而收斂入

骨；以氣運身務順遂，而便利從心。後者是指呼吸要自然、和順。呼吸時不著意，不用力，綿綿若存，似有若無，一任自然。呼則形鬆如落雁，吸則意緊氣隨行。自然呼吸能保持肺部順暢地換氣，可以避免氣息之乖亂，腹脹之患生，可去除傷害心神之機因，本來就能適合人的生理需要，而矯揉造作反而違反了生理的自然，自然也就有害而無益。所以，太極拳家雖有主張採用逆呼吸或配合提肛閉氣的「使然呼吸法」，但多數學派主張不主動去控制呼吸，而是純任自然，並在自然中逐漸因勢利導，加深並勻緩呼吸。

大凡氣之運使，不可逆行，不可有意使氣。《十三勢行功心解》曰：「全身意在精神，不在氣，在氣則滯。」就是說，練拳時應把主要精神放在動作意識上，不要放在強制呼吸和調息活動方面。

孫祿堂也說「有心禦氣，氣反奔騰」。古人也講「氣不可禦，禦則氣滯」。呼吸自然和順，深長細勻，則有助於推動內氣內聚，沿經絡運行，促使濁氣外泄，精氣長存，並起到寧神安心的輔助效果。同時可使膈肌升降的幅度增大，腹內壓相應增高，從而形成對胃、腸、肝等內臟的適度按摩，肺的氣體交換量亦隨之增加。這樣，既提高了吐故納新的效果，也改變了全身各組織器官的營養狀況，增強了內臟的功能和機體抵禦疾病的能力。

有的人行拳推手後感到氣喘胸悶，其病皆源於使氣、憋氣和起僵勁。

正如沈壽老師所說：「有的人過急地想把呼吸與動作機械地配合起來。殊不知太極拳功架，並不像呼吸體操，它的

動作編排、姿勢銜接、攻防意識、運動節奏，並不完全刻板地依從呼吸而編排的。而拳諺的『氣宜鼓蕩』，也只是純任腹部隨著平順協調自然的呼吸而起伏鼓蕩，決不是教人機械地配合呼吸，像拼足力氣地拉風箱一樣。這樣的呼吸輕則使呼吸肌產生疲勞，產生淺狀呼吸，不能使肺部血液中的氧和二氧化碳充分交換；重則引起氣促胸悶、岔氣，甚至發生疝氣症。這樣就弄巧成拙，本欲養生反而傷身了。」

因此，對初學太極拳的人只要精神集中，專心熟悉動作，可不必注意呼吸。因那樣反而會弄得渾身僵硬，進退變換不靈，甚至引起動作錯亂，呼吸也就更不自然了。

只有堅持練拳一年數載，動作純熟輕柔、和緩協調、呼吸細勻深長純任自然了，這時再去解決呼吸與動作的配合，只須稍加關注，遵循蓄吸發呼、合吸開呼、虛吸實呼等基本規律，既不用力鼓蕩，亦不用意支配，不急不迫，徐徐為之，順其自然，能於不覺呼吸而為呼吸，全身血脈通暢，腹內鬆靜氣騰然，氣遍身軀不稍滯，呼吸動作也就自然而然地配合了。這時行拳練功，氣息調和均勻，則妄念頓匿，能無念則神自清，神清則心靜意定。所以，我們崇尚聽任自然的呼吸配合，而且細勻深長的腹式呼吸也只能在自然的基礎上來形成。為了便於習者日後練習呼吸配合時參考，現將呼吸配合的基本規律列表如表4。

表4　呼吸配合的基本規律

吸	陰	柔	虛	蓄	合	升	退	屈	起	奇	吞	輕	迂	弛	收	靜	內
呼	陽	剛	實	發	開	降	進	伸	落	正	吐	沉	直	張	放	動	外

此外，我們也知道，吸氣時肌肉力量較小，有助於周身更鬆、更輕、更靈；呼氣時肌肉力量較大，有助於厚重、穩固、沉著。所以發放勁時宜採用呼氣，蓄勢柔化一般採用吸氣。正如李亦畬《五字訣》說的：「務使氣斂入骨，呼吸通靈，周身罔間。吸為合、為蓄；呼為開、為發。蓋吸則自然提得起，亦拿得人起；呼則自然沉得下，亦放得人出。此是以意運氣，非以力使氣也！」

董英傑亦說：「呼吸者，吸能提得人起，使敵足跟離地；呼則從脊內發出全身之勁，放得人遠出。呼吸靈通，身法方能靈活無滯也。」

3. 忌塵煙污雜之地

塵煙污雜之地空氣污濁，其中多含有害物質。身體一經運動，呼吸定然深長，吸入身體有損肺臟而罹致疾病，貽害匪淺。

明·周臣《厚生訓纂》曰：「肺為五臟之華蓋，尤不可傷。」《練功秘籍》曰：「（呼吸）當夫人聲寂然，只有我身，擇每日清晨起身時、正午未飯時及晚間將睡時，三個時期，次第行之。蓋早間之氣清，午時之氣圓，晚上之氣正。況夫早中晚者，為時間上三才之分，上中下者，為釋典內三乘之別，吾人行功，擇此時間最屬妥然。」所以練功呼吸宜在空氣新鮮之處。

近來科學家發現，人類可以從新鮮空氣中吸取許多營養物質，尤其是一些微量元素，這些微量元素能與機體中蛋白質結成抗體，增強機體的免疫力。

4. 忌胡思亂想

太極拳呼吸行功，只有做到息心清靜，內心澄明，外魔不侵，不胡思亂想，才能達到真「炁」氤氳的境地。道家有云：「人能常清靜，天地悉皆歸」，心靜則天機自動，身靜則人氣自動，身心皆靜則神通功成。

太極拳對於人體生理的認識，基本與中醫一致，故取「血為營為陰」，以其行於肉、膜、絡；取「氣為衛為陽」，以其行於骨、筋、脈。而氣血之行，氣為血之帥，氣行則血行，氣滯則血淤。氣的盛衰就是血的榮枯，血的榮枯就是氣的盛衰，氣血相肇，相與資生，互為體用。

據有關典籍記載：「大凡人身之氣血，行之虛而滯於實。如思想散弛，則氣必凝結障害，久之則成氣痞之病，學者不可不慎焉。」痞者，硬塊也。所以呼吸要攝心入靜，無思無慮，氣調息勻，水火相濟，緩緩行之，直沉丹田。

古人常稱：「凝神於此，元氣日充，元神日旺，神旺則氣暢，氣暢則血融，血融則骨強，骨強則髓翻，髓翻則腹盈，腹盈則下實，下實則行步輕健，動作不疲，四體康健，顏色如桃李。」這除說明氣與血的互為因果關係外，也說明平心靜氣呼吸的重要意義。

(二)太極拳常用之呼吸法

明·袁黃《攝生三要》指出：「氣欲柔不欲強，欲順不欲逆，欲定不欲亂，欲聚不欲散。」故呼吸需要調息以達到以上息態。

禪家謂息有四種：「凡鼻息往來有聲者，此風也，非息也，守風則散；雖無聲而鼻中澀滯，此喘也，非息也，守喘則結；不聲不滯而往來有跡者，此氣也，非息也，守氣則勞；所謂息者，乃不出不入之義。」

太極拳採用鬆、靜、穩、勻、緩、合、連的行功方法，正如吳英華、馬岳梁老師所說：「所以在無形中，已經具有防止呼吸粗淺短促的作用，也不難在自然的過程中逐漸養成呼吸勻細深長的習慣。呼吸能勻細，不但與調息養氣有關，並且是『寧神一志』的輔助方法。」再配合太極拳以心行氣，不著意不用力，綿綿若存，似有若無，一任自然的呼吸方法，自然能達到綿綿密密、幽幽微微、柔順定聚的調息狀態。

太極拳的調息，就修為需要可分自然調息和使然調息兩大類。

1. 自然調息

自然調息即自然呼吸法。蓋呼吸乃本人身自然之能，故無為法即不主張控制呼吸而違自然，而是純任自然，並在自然中因勢利導，使之細勻深長，達到理想之呼吸境界。

2. 使然調息

使然調息即人為地去操縱控制呼吸，使之達到理想之綿密、柔順、幽靜之呼吸。

太極拳的使然調息是腹式呼吸，分順腹式（簡稱順呼吸）和逆腹式呼吸（簡稱逆呼吸）。

　　順呼吸是指吸氣時腹部自然外突，呼氣時腹部自然內收。

　　逆呼吸是指吸氣時腹部自然內收，呼氣時腹部自然外突。

　　此外，還有「大周天」和「小周天」呼吸法。顧留馨在《太極拳術》一書中明確指出「不宜於與太極拳結合，否則容易產生流弊」。這一意見是頗中肯的。

　　《太極拳經歌訣》曰：「拿住丹田練內功，哼哈二氣妙無窮。」可見太極拳尚有發聲呼吸法。《太極用功七言俚語》曰：「每日細玩太極圖，一開一合在吾身」「捲舒稱縮伸，吞吐成開合。」開時吐音，養生家為呬、呵、呼、噓、吹、嘻。

　　太極技擊家則簡化為哼、哈二氣，哼內氣為吸，多用於引化，亦可為發；哈內氣為呼，多用於拿發。逢敵則氣凝聚於內，擊敵則氣勃發於外。

　　推手或散手時往往無意間猝發，可使內氣抒發，當有氣暢之益，體內臟腑則無屏壓受傷之虞，且可使敵驚惶，神志受擾。驚則氣散，恐則腎傷，彼心氣散亂，腎氣乖戾，聞「聲」喪膽，自必進退失據而難以攻守。同時發聲有助於氣沉丹田，可使內勁全部透出無稍滯留，發勁的威力倍增。而彼心氣既散於內，勁力又削弱於外，自當聞聲披靡。

　　故班侯、少侯當年比手時，一哼一哈即分輸贏。楊公澄浦則向上打擲屋頂發哼音，向下擊地用哈音，發遠直透牆壁為咳音。

　　但需要指出的是呼吸總須純任自然，用真意之元神引之

於丹田，腹雖實而若虛，有而若無，綿綿若存，正氣常存，皆因自然之呼吸，為哼哈二氣之本。

正如《大小太極解》曰：「氣能入丹田，為氣總機關，由此分運四體百骸，以氣周流全身，意到氣到，練到此地位，其力不可限量矣。」

五、太極眼法

所謂眼法，即行拳走架、推手散手、運使兵器，眼神與各種有形的動作和無形的精氣神意恰當配合，合理運使之法也。眼法是為大法。

眼神者，精神貫注於目，由二目充分體現身心手足，內外上下，百骸百節，周身通靈合一之精神也。所謂「神聚於目」「形神合一」是也。

清代楊氏傳抄古譜《人身太極解》曰：「人之周身，心為一身之主宰，主宰太極也。二目為日月，即兩儀也。」又曰：「神出於心，目眼為心苗。」說明人之全身以心為一身之主宰，心就是渾一的太極，而兩眼象徵太陽和月亮，就是二儀。

神產生於心，表現於外，眼睛是心之苗，心有所思，意有所念，眼神隨即流露。所以眼睛要成為「心」的代表，「心」的先鋒，目之所至，心亦至焉，行拳走架要先在心而後在身，要以眼領手，眼隨手轉，手眼相隨。

例如，在日常生活中，心裏想去拿一件東西，眼睛總是先看這件東西，然後手才跟著去拿，道理是一樣的。凡是動

作向預定的方向去，眼神總是稍先於手到達完成動作時的方向，然後身法、手法、步法齊齊跟上去。

正如顧留馨所說：「此即所謂『一轉眼則周身全動』，始而意動，繼而內動（內臟），然後形動（外形）的細緻鍛鍊方式，這樣細心體會地去練，可以逐漸做到意到、眼到、身到、手到、步到，說動一齊俱動，說到一齊俱到，『形神合一』，也就能達到練拳有精神的評語。」

顧老師所說的達到「練拳有精神」的要求，實際就是練拳達到「內外三合」的要求，即心與意合，氣與力合，筋與骨合，內三合也；手與足合，肘與膝合，肩與胯合，外三合也。若以左手與右足相合，左肘與右膝相合，左肩與右胯相合，右三與左三亦然。以頭與手合，手與身合，身與步合，孰非外合；心與目合，肝與筋合，脾與肉合，肺與身合，腎與骨合，孰非內合。其中言及心與目合，目眼為心之苗，心之一動，目隨之而動，五臟百骸悉聽從而一動無有不動。若心與眼不合或眼神與動作不合，則心手無應，全體失統，無所主宰，身心內外莫不盡亂矣。

陳鑫《太極拳推原解》曰：「手眼為活，不可妄動。」在走架行拳的過程中，眼神處於動態之中，是要結合動作左顧右盼、瞻前顧後的。但左顧右盼、瞻前顧後並不是沒有原則地左右亂看、東張西望，或是顧東行西，而是應該與身體的轉動方向一致，這樣才能將手、眼、身、法、步各方面的動作協調起來。

正如楊澄甫在《太極拳之練習談》中所說：「目光雖然向前平視，有時當隨身法而轉移，其視線雖屬空虛，亦為變

化中一緊要之動作，而補身法手法之不足也。」

　　行拳走架時，眼注視的方向，其論不一。有人主張目光經前手食指或中指尖前視，或云注意前邊的手、上邊的手等，有認為視敵方為主，同時以餘光左顧右盼，皆係各人的經驗之談。

　　楊式太極拳的眼法一般情況下是向前平視的，通過前面的手向前望去，關顧到手，但不死看著手，要根據拳式具體的主手動作確定眼看的方向。歸納起來實際有二法，即平視法，目光自然地平視前方目標，不慍、不怒、不睞。

　　另一法為三點法，以兩眼（起點）透過一手或兩手指尖（中點），前視假想之敵手（終點）。類如瞄準的眼法可避免目光盯住自己打出的手，或將目光輪流注視自己的左右手掌。因死死盯住，不隨動作的轉移而將目光前視，不僅對意識的放鬆毫無好處，對鍛鍊展延及遠的視力及其光兼四射的靈活性亦毫無補益。

　　眼神的靈動在技擊時就能其機在目，敵情預曉，同時在藝術形象上也由於目光的靈動有神，使演拳生氣勃發，靈性畢現而富有生命力。

　　楊式太極拳有「四平拳」之稱，即心平、眼平、頂平、肩平。其中眼平是很關鍵的，眼平有助於心平，眼平則頂平，眼平與頂平保證了下腭既不抬起亦不低下，從而使「猴（喉）頭永不拋」，避免咽喉暴露於敵而遭上打咽喉下打陰。《沈壽拳訣選・四平訣》說：「心平則氣正，眼平則意正，頂平則頭正，肩平則身正。」這就具體說明了如何由心、眼、頂、肩的順序，逐步調整做到不偏不倚，無歪斜傾

側的正確姿勢，使自己的重心永不偏離自身的「底盤」，形成神自然得中的形勢而立於不敗之地。

由此可見眼平視的意義是何等的重大，眼專注一方，勁才能專注一方，眼無所專注，勁氣必然散漫而不能充足，眼神不能凝聚，拳必然毫無生氣，更無形勢可言。

練拳時目光隨動作轉移而向前方凝視，既能使動眼神經和視神經獲得鍛鍊，亦有助於視力的恢復和增強。就拳術而言，能使太極拳充分展現出大方、舒展、肅穆、沉靜、凝練的神氣和充沛的勁力，達到放勁如入木三分、勁斷意不斷、意斷神（眼神）相連的太極拳技擊要求。

由於太極拳是儲蓄而不是消耗，是積累收入而不是無妄地支出的拳學，行拳走架要求神定自若，守中氣，絕雜念，蓄眼神，凝耳韻，也就是精神內斂，所以，行功時須以養心定性、聚氣斂神為主。若心不安，則性擾之；氣不聚，則神散之。心性不相銜，則四體百骸無不盡亂；神氣不相接，則千經百脈莫不盡閉。雖依法作勢而無大效焉，這也正是內家與外家的根本區別之處。

太極拳主張行功時絕不強行聚神於目，無端的、強制的雙目圓瞪、炯炯有神，只能傷神、耗血、勞肝，於養神、養氣、養生不利。反之，有的拳家把蓄（斂）眼神理解成目若垂簾，眼觀鼻、鼻對心，把養生氣功的眼法生搬硬套地用到太極拳中，使之狀如瞎子摸魚或兩眼無光如睡夢初醒。

作為養生保健雖無不可，然而若以觀察在眼，變化在心的拳藝的全面要求來衡量，就顯得非驢非馬了，這是不足為訓的。陳長興《用武要言》曰：「拳打上風，審顧地形，手

要急，足要輕，察勢如貓行。心要整，目要清，身手齊到始為真。」

太極拳的眼神要求，應該是神光內瑩，猶如明月清潭。

六、太極身法

所謂身法，即身體主導權衡拳勢動態的法則。拳論曰：「身必以端正為本，以周身自然為妙。」太極拳講究立身須中正安舒。中正者，不偏不倚，無過不及，神自然得中之謂也；安舒者，百骸自然舒適，不緊張用力者是也。

太極拳視立身中正為身法第一要素，行拳走架與推手都是以保持自己和破壞對手的平衡為依據，立身中正不偏方能支撐八面，靜如山嶽，動若江河。身法正者，身椿端正，無所偏倚，虛靈內合，方不懼他人推倒，故立身中正為身法之根本。身法「以周身自然為妙」，則是說太極拳講「純任自然」，全身動作內外相合、上下相隨，沒有絲毫勉強、不協調和不自然的地方，完全符合人體運動的規律。正如許禹生所說：「中正安舒，不偏不倚，脊背三關，自然得路，圓妙莊嚴，靈活無滯，周身法輪常轉不已矣。」

李亦畬《五字訣》曰：「二曰身靈，身滯則進退不能自如，故要身靈。」所以說身法之要在虛靈也。行拳走架和推手以心使身，從人不由己；身能從心，由己仍從人。從人則活，由己則滯。太極拳周身皆太極，而樞紐在腰，腰為第一主宰，腰活則全盤皆活。

楊家傳抄老譜《身形腰頂》曰：「身形腰頂豈可無，缺

一何必費工夫。腰頂窮研生不已，身形順我自伸舒。捨此真理終何極，十年數載亦糊塗。」此身法歌訣把身法之要劃為三大類別：

第一，吊頂即虛領頂勁，提挈全身，升發一身陽氣；

第二，腰為第一主宰，要鬆腰，以腰為分界線，上下對拉，即腰椎間的拔長；

第三，其他方面的身法要求。

同時特別強調了身法的一個重要原則，這就是順舒。《太極拳經歌訣》有「順項貫頂兩膀鬆」句，杜元化《太極拳正宗》提出了「順腿、順腳、順手、順身」四順，陳微明提出了「舒胸順背」。

以上身法的要求是全面的，務求全面貫徹，缺一則不能完整而以致偏差。背離這些原則，終苦練十年數載，亦總是迷糊懵懂，終究無成。

由此可見太極拳身法之關鍵為端正、自然、順舒、靈動。為符合此四項原則，武禹襄提出了身法八要，即含胸、拔背，裹襠、護肫，提頂、吊襠，鬆肩、沉肘，簡明扼要地規範了身法的要求。

太極拳行拳走架將全身間架安排得當，頭頂襠落，含胸拔背，直脊垂臀，鬆肩沉肘，裹襠護肫，使身體端莊中正，體鬆含虛，順舒安適，意含空靈，氣格疏朗壯偉而意味純樸虛和，外形靜若處子，內氣動如靈獅，外示安逸，內固精神。體勢神情相銜，形質性靈溶貫，動而有韻，天機活潑，浩氣流行；靜而有勢，心動形隨，意發神傳。然而端正、自然、順舒、靈動的身法是由具體的方法來實施保證的，這就

是身法八要和十要。筆者在第一章中太極虛實解部分已有說明，它們的基本法則是一致的，這些法則雖側重外形的標準和規範，但並不違反重意不重形的原則。

因為所謂神化者，豈復有外於規矩者，太極拳的練拳順序就是合規矩而脫規矩、脫規矩而合規矩，只有在形勢達標、神形兼備後方可言重意不重形。如果連形勢都無法鬆順舒展，練不到位合不了規矩，空談神意，妄想外忘其形而成其形、內不知其神而知其神，是不切實際的。

須知無骨架之形不足以盡顯勢態，形不足俱難得以技藝之功，拳無形勢則失綱紀法度，失綱紀法度則心神難以應和，失應和外必乖於形勢，內必悖於神氣，則終身由之，究莫明其妙，而枉費功夫貽歎息矣。這是需要認真對待的。

太極拳是陰陽對立的統一體，其表現在形勢上也是互相矛盾、互相聯繫、互相制約、互相轉化的，某一部位的正確與否，勢必影響到其他部位的正確與否，所以身法要求都是整體的，不能割裂，不能顧此失彼，以致達不到全面的提高。下面就身法的要領作具體的說明。

1. 虛領頂勁

虛領頂勁，即提頂或稱頂頭懸。頂勁的要求，就是經由心、眼、頂、肩的順序，在其四平的基礎上，頭頂百會穴虛虛領起，若有若無，如臨虛空而神貫於頂，處於勿忘勿助的虛領狀態。

頭為周身之主，全身之綱領，五官百骸，莫不本此為向背。綱舉目張，身法的穩定、頸椎的順豎、脊椎的中正、腰

胯的轉換、眼法的平準、呼吸的順暢、步法的靈動，總之，心、意、精、氣、神，手、眼、身、法、步，無不與俗稱「六斤四兩」的頭有關，都需要從「頭」做起。

頭為至高清虛之地，一身之主，頭正則身軀自然中正端凝，這樣可以保持脊柱的自然垂直狀態，也就是俗說的提綱挈領豎線路。從生理上講，這姿勢也是非常科學的，它可以使頸椎中的神經中樞延髓及脊柱中的脊髓不受壓迫，從而保證了周圍神經與腦神經的通道不受擠壓，暢通無阻，以致氣機通暢，浩氣流行，有利於中樞神經系統調節全身各個系統和器官的機能活動，高度發揮對人體的平衡作用，保證肢體運動活如車輪，尤其腰胯的運動更是如此。

此外，頭位於人的最高位，雖然僅僅只有「六斤四兩」重，然而影響很大，若不能虛領獨存頂頭懸，而犯了探頭探腦的毛病，一則形象不美；二則「首腦」暴露於敵，易為敵所乘；三則如《內經》所說「頭傾視深，精神奪矣」，即俗說的垂頭喪氣；四則破壞了立身中正，更易產生由探頭探腦所引起的連鎖問題，如強項硬頸、精神不專、身體失衡、行動遲澀、虛實不明、歪斜等問題。

所以，虛領頂勁在太極拳中是十分強調的，正如陳鑫所說：「周身精神全繫於頂，故頂勁起來，是在似有似無之間。」自可免除太極拳板滯之病，而帶來一片靈動和生機。正如詩之歌詠「一片靈機寫太和，全憑方寸變來多，有心運到無心處，秋水澄清出太和。」

《太極拳經歌訣》有「順項貫頂兩膀鬆」句，說明在虛領頂勁的同時還須注意順項。有頂勁，方能神貫頂；能順

項，方能神通於背。所謂順項，是指沉肩墜肘、束肋下氣、含胸拔背等其他要領的配合，虛領頂勁和順項都是向上的趨勢，肩順背，項順肩，頂順項，注意幾種要領結合在一起向上的力量，順則氣暢，僵則氣滯。防止片面地理解虛領頂勁而犯過或不及的毛病。頂勁不及，氣滯胸中則萎靡，精神不及提起則垂頭喪氣；頂勁太過，過猶不及，氣澀腦中則僵直，以致天機關閉，反失靈機。頂勁貴在適中，適中則靈，靈則機敏，以調遣心神，以調動百骸，以應付動靜，以和濟剛柔，無不是響斯應矣。

2. 尾閭中正

尾閭位於軀骶骨端，與脊椎骨有連帶關係，為轉動元氣升降之要道。督脈之長強穴正在尾閭部，為督脈之絡穴，別走任脈，繫足少陰、少陽之會。在太極拳行功中，形體上尾閭如舵，又如推進器，身欲向何方，尾閭即從後對向何方，尾閭中正，則立身中正。

如何做到尾閭中正？郝少如說：「尾閭正中須兩股有力，臀部前收，脊骨根向前托起丹田。所謂尾閭正中即脊骨根向前也。」從整體上看，此即太極拳「裹襠」「斂臀」或叫「護臀」的技術規範，就像用臀把骨盆裹護起來，把小腹承托起來，這樣配合虛領頂勁、鬆腰落胯、圓襠，就能使尾閭的舵向作用相對穩定，從而保證尾閭中正和立身中正，以助增強脊柱的靈活性和背脊的彈性，同時斂臀也相對降低了身體的重心，有利於動作的平衡和蓄、引、拿、化、發的穩健以及力由脊發，發勁渾整，專致一方。

　　這個身法要領從局部看，就是吊襠亦即尻道上提，或謂提肛、縮股道，為會陰處虛虛向上吸提，適度地收縮會陰底肌和肛門括約肌，以促進下盤穩固。

　　虛領頂勁為上，能領則頂頭懸，神貫頂而維繫於天；尾閭中正為下，能裹襠斂臀、吊襠則尾舵穩，氣注海底而連接於地。頭頂與尾椎（骶）骨互逆相撑，伸展貫注，則上下一氣有如沖天接地之意。通體準直以豎其路線，綱舉目張而提挈全身，如此則周身皆活，故曰：「尾閭中正神貫頂，滿身輕利頂頭懸。」

　　正如陳鑫所說：「中氣上自百會穴，下貫長強穴，如一線穿成也。」「中氣貫於心腎之中，上通頭頂，下達會陰。」「中氣上通百會，下通二十四椎，此處一通則上下皆通，全體之氣脈胥通，自無傾倒之弊。」

　　向愷然極言尾閭正中之義：「無論練拳與推手，皆須注意尾閭和脊梁，所有動作胥發源於此。脊梁須中正，不偏不倚。因動作必須從尾閭發端，方足以令身體運動四肢，不是四肢運動身體。尾閭有圓圈，則各部的圓圈能黏能走。如尾閭不起作用，各部的圓圈也都失了黏走之效。練太極不久的人，驟聞此語，必生疑惑，但依此練習若干年，自有恍然之時。倘教授之人，不會學者於此等處注意，在天資聰穎又能下苦功的人，或者有自行領悟之一日，否則將終生不知其所以然。」此論與清代楊家傳抄老譜《身形腰頂》之說——「身形腰頂豈可無，缺一何必費工夫。腰頂窮研生不已，身形順我自伸舒。捨此真理終何極，十年數載亦糊塗」有異曲同工之妙。

3. 鬆肩沉肘

太極拳身法有鬆肩沉肘的基本要求，這裏的鬆和沉是不可分割的兩個側面，正如陳鑫所述：「肩膊頭骨縫要開，始則不開，不可使之強開。功夫未到開時，心說已開，究竟未開。必攻苦日久，自然能開，方算得開。此處一開，則全胳膊之往來屈伸，如風吹楊柳，天機動盪，活潑潑地毫無滯機，皆繫於此，此肱之樞紐，靈動所關，不可不知。」

所謂鬆肩沉肘，無非指肩關節須鬆沉，使鎖骨平準而微下沉，肘關節始終保持適度的彎曲和沉垂，從而達到「三垂」，即氣垂、肩垂、肘垂。氣垂則氣降丹田，身穩如山；肩垂則臂鬆勁活，肩催肘前；肘垂則兩膊自圓，能固兩肋。這樣才符合勁以曲蓄而有餘的技擊原理。

拳諺有「肘不貼肋」「肘不離肋」兩句規範沉肩垂肘的很辯證的話。肘不貼肋，就是指腋窩保持適度懸空，保證肘部有足夠的迴旋餘地。肘不離肋，就是在保證肘有迴旋餘地的情況下，儘量靠近而不離開肋部，便於保護兩肋、兩腰等要害部位，以免肘部揚起，造成舉高腋空、側門（兩肋為側門）洞開，側門空虛，易為敵所乘。拳諺云「手如兩扇門」，則肩關節就是門軸，即為樞紐，同時上肢又為手三陽經和手三陰經之所在。

從技擊角度看，肩若不能鬆垂，兩肩聳起，則氣血亦隨之而上，全身皆不得力矣。肘若不能屈墜，揚肘懸起，肩、肘、腕等關節自然難以鬆沉，造成氣血阻塞，勁力滯澀，兩臂無勁，勁不能由脊發，亦不能貫於手指攻則不能放人致

遠，近乎外家之斷勁矣；而守則不能上護頭面，中不能護胸腹，下不能護襠膝，起不了「兩扇門」的作用。

此外，不能鬆肩沉肘，勢必因寒肩而導致胸背腰脊的僵硬，使經絡為之阻塞，同時使輸送氧氣和血液的頸動脈受阻迫，大腦缺氧少血，從而造成大腦指揮失靈，智慧頓失；肩不能鬆沉，氣血湧擁胸間，則上重下輕，腳根浮起，遍體僵塞，虛靈蕩然無存，勁力頓失，變化全無矣。同時亦因寒肩而致手臂伸縮纏繞不能鬆柔圓活，屈伸開合不能自由，易被對手採用攦臂等手法使我受挫。

從醫療保健角度來看，聳肩揚肘造成肺等內臟經常向上提著，使之處於緊張狀態及氣血淤塞於頸、脊、肩、肘等關節，而難以到達頭及指端，情緒緊張又使氣血不能平和暢達周流於人體內外，致使內不能鬆臟腑和維持陰陽之平衡，外不能柔腠理和防邪氣之侵襲，在改善健康方面也難獲得預期的效果了。相反，如肩肘關節充分鬆沉，手臂的伸縮纏繞就若柳絲蕩風活潑而無滯機，屈伸開合聽自由了。

從人體運動生物力學分析，肩關節是上肢極為重要的環節，因為肩關節活動範圍大，在肩部有三角肌把肱骨、肩胛骨和鎖骨連在一起，有背闊肌把腰椎和肱骨連在一起，所以沉肩垂肘就會引起連鎖的良性效應，胸、背部鬆沉下來，從而使內臟放鬆，體內佈滿中和之氣，五臟平和舒適滋潤充滿美意，達到這種平靜寧和的境界，身體自會健康了。

4. 含胸拔背

含（涵）胸拔背，是《身法八要》和《身法十要》共同

提出的太極拳身法大要。

《太極拳經歌訣》曰：「順項貫頂兩膀鬆，束烈下氣把襠撐。胃音開勁兩捶爭，五指抓地上彎弓。」此訣為身法歌訣。「順項貫頂兩膀鬆」句即寓虛領頂勁、尾閭中正和鬆肩（膀）沉肘等義，這是十分明顯的。而「束烈」「胃音」二詞之義，則拳家注釋紛雜。

孟乃昌注：「『束烈』略費解，聚集收束之意，『烈』，火盛或濃烈之意。合二字為聚集溫熱之意，應指氣之彙聚於丹田。『束烈下氣』為氣沉丹田。」孟乃昌又認為：「『胃音』即胃部周圍，指心胸部，並及於腹部。」

沈壽老師注曰：「『束烈』不可解，別本有作『束肋』，則可解。『束烈下氣』即含有氣沉丹田的意思。『胃音』不可解。別本有作『用意』，可解。以上『束烈』『胃音』肯定因輾轉傳抄而產生的訛錯。姜容樵原注曰：『胃音、束烈等字，皆存原文。』」

更有拳家認為：「『束烈下氣』是收束暴烈的意氣，使得心安體舒，氣沉丹田，鬆腰坐胯，撐襠以取其勢。而『胃音開勁兩捶爭』的意義是丹田哈哼二氣發勁，以助兩手出拳的猛銳。」

由此可見「束烈下氣」為氣沉丹田是共識，而「胃音開勁」則因各自表述而混亂。

筆者支持沈壽老師「『束烈』『胃音』可能因輾轉傳抄而產生訛錯」的說法。竊疑「烈」為「肋」之訛，「束肋」即是含（涵）胸拔背。胸背為胸腔之前後，由前肋和後肋構護。胸在前為陽為實，實宜虛之，故「束前肋」，使胸含而

吞，而致虛胸虛心；背在後為陰為虛，虛則實之，故「束後肋」，使背拔而吐，而致動牽往來氣貼背，斂入脊骨。可見「束」為約束調整之義，「束肋」的結果致使含胸拔背落自然，內氣則自然而下氣沉丹田，此謂束肋下氣。

故所謂束肋下氣是含胸拔背而致氣沉丹田，並且著重指「含胸拔背」，而非僅僅指「氣沉丹田」。而「胃音」之「胃」，疑係胸字古異寫「胷」之誤，「胃音」即為「胸音」，則可解也。「音」，《左傳·文十七年》注：「音，所茠蔭之處，古字同音，皆相假借。」可見音即蔭之假借，作處、部位等解。「胃音」即「胸部」。

「開勁」，陳炎林解為：「見入則開，即見人勁來時化開之謂也。開勁乃方勁，而有開展之意，用以達人之內門⋯⋯開敵適當程度，恰到好處時，當即發之⋯⋯藝高者，往往故意自開其門，任敵進入，待彼深入，即乘機反攻⋯⋯開勁非僅化人，亦可發人，其發人含有掤意，故開後須即發，不發則失其機矣。」兩者結合則「胷音開勁」之義自明。拔背開己胸門，以誘敵深入，拔背開敵之胸門，以化其來勁使引進落空，雙拳視機勢，以腰為樞紐，胸中運化，抖發而出，猶如猛虎下山，銳不可擋。

含胸拔背，是腆胸之反也，是腆胸之「束肋下氣」也。黃百家內家拳法所記王征南口述的內家拳十四禁忌，其中之一是「腆胸」。腆者，挺凸也。腆胸即為過於矜持，努氣挺胸，氣湧胸際，神呆血滯，上重下浮，根腳拔起之謂也。

人體上身全賴脊椎骨支柱，故脊椎骨猶如棟樑之於屋宇。平時人的脊椎骨成自然之彎曲，為求輕靈，行拳走架上

虛靈頂勁，下尾閭斂垂，以豎其線路。這是因為百會虛頂與會陰斂垂，二點成一直線，使通體準直，符合立身中正安舒之要求，即上下一條線，中正安舒，不偏不倚，脊背三關，自然得路也。如腆胸，則成三點之勢，三點又不在一直線上，則成干涉之狀。以致上不能虛頂，則綱不能舉；下不能斂垂，則目不能張。周身骨骼無法正直，筋肉不能順遂，破壞了立身中正和鬆靜輕靈的必要條件，造成經絡血脈凝淤於胸，勁力阻斷滯塞於胸。

此外，胸部緊張，還會影響呼吸的自然深長、氣沉丹田和妨礙血液回流心臟，考究全身則無一是處也。偶有動作，無不受掣肘，臨敵對陣，必為人所制，於健康更是有百害而無一利。故太極視腆胸為一大害，而反其道而行之。通過胸微內含，兩鎖骨鬆沉，束肋下氣之含胸致胸舒，使勁力利於在胸中運化；而通過背部肌肉的向下舒鬆及兩肩間脊骨的微提並略帶往後上方拉起，「臂音開勁」之拔背致背順，使勁力利於在脊背捲放。

故所謂含胸拔背，即舒胸順背也，舒順之中有含拔之義也，含胸以下氣，拔背以通神。

5. 裹襠護肫

第一章中的太極虛實解部分已有所述，腹為陰為虛，虛而能充，故實其腹。肫，胃也，陽也，位居腹中，此陰中陽也，虛中實也，居中須護，故須束烈（肋）下氣把襠撐。寬胸虛心，上則無留橫氣於上，束烈（肋）下氣，由上而下氣沉丹田而護肫，是謂「天覆」；下則襠間撐開半月圓，儘量

放鬆臀部和腰部肌肉，輕輕使臀肌向外方舒展，然後再輕輕向前、向裏收斂，就像臀部把骨盆包起來，尾骶骨根亦同時向前托起丹田於下而前而上而裏襠骭腹，是謂「地載」。

「天覆地載」則拿住丹田練內功，哈哼陰陽二氣開合鼓蕩，腹由此而充實，腎氣由此而充盈，腹心鬆淨氣騰然。如此太極拳之行功方可虛靈不昧，清明在躬，屈伸開合，虛實轉換既輕且靈，而符合楊健侯宗師「輕則靈，靈則動，動則變，變則化」之太極拳約言矣。

6. 提起精神

太極拳純以神行，不尚氣力，全身意思，皆用精神。此處所謂「精神」是「神」之狹義，即《練功秘籍》所說的「有形謂之形，無形謂之氣，運有形與無形而會之謂之神」之神，是「靈明知覺之謂神」之神。精神是超越於有限之形體的一種無限自由的境界。

《七部要言》曰：「神靜而心和，心和而形全；神躁則心蕩，心蕩則形傷。欲全其形，先在理神。故恬和養神以安於內，清虛棲心不誘於外也。」太極拳的要求就是從舞之蹈之動不休的形體中，追求徹底解放的精神的超然和回歸。

太極拳的修練歷程，必然是由向外（形）練逐漸轉化為向內（精、氣、神）練，由形象體勢的體驗進入到心靈的體驗。所以《學太極需斂神聚氣論》曰：「學太極拳為入道之基，又道以養心養性，聚氣斂神為主，故習此拳亦須如此。若心不能安，性既擾之，氣不得聚，神必亂之。心性不相接，神氣不相交，則全體之四體百脈，莫不盡死，雖依勢作

用，法無效也。」

可見太極拳在承認「形者神之質」的物質第一性的同時，強調「神者形之用」的精神能動性，尤其重視精神因素的培養和訓練。

武禹襄《十三勢行功要解》曰：「精神提得起，則無遲重之虞，所謂『腹內鬆淨氣騰然也』。」而《十三勢行功心解》曰：「精神能提得起，則無遲重之虞，所謂『頂頭懸』也。」由此可見，太極拳之全部意義是以虛靈為本，以「精神」，即「心」為全體之主宰，「神為主帥，身為驅使」。身受心意的指使而行動，如影隨形。此即拳諺所謂「形為象，神為魂，意自形生，形隨意轉」。亦即拳論所謂「意存動之先」「先在心而後在身」。

心境虛靜專致，神態安逸明清。內則自然心意空靈清虛，明性立見，智能頓開，百骸鬆和圓融，經絡氣血通暢。精神和合，在精神的啟發下，外則自然百體無滯，動作輕捷快利，感覺靈敏，周轉得當，自無遲重之虞。遲重，即呆頓而又滯澀，冥頑不靈，阻礙行功。

故為求輕靈，上則須虛領頂勁，以挈其綱領；下則須尾閭沉垂，以掌握舵向，豎起線路。頂勁虛領，則精神陡振，尾閭下垂，脊椎立即準直。節節鬆沉，自上貫穿其下，自然周身輕靈，通體無滯了。而為求騰挪，則須刻刻留心在腰間，腹心鬆淨氣騰然。刻刻留心是意注，是精神貫注。

太極拳崇尚腹心鬆淨，腹內鬆淨，則心必清淨。心能鬆淨，則腹內亦鬆淨，令拙氣拙力蕩滌無存，丹田之元氣無所阻滯而騰然。此即謂精神極欲靜，氣血極欲動，腹內能鬆

淨，神氣能騰然。騰是寓騰挪和預動之勢，寄活潑變化之意，腹心鬆淨而後氣勢騰然，騰然即鼓蕩，能鼓蕩騰然而後靈動。靈而無滯，則身法自然圓活靈通，輕靈貫穿，自爾騰虛。可見頂頭懸和腹心鬆淨是提起精神防止太極行功遲重滯澀的良方。

太極拳《身法十要》把提起精神作為身法之首訣，如同內家拳把敬字訣放在「五字心訣」之首一樣，再次體現了太極拳重視心、意、神、志等精神因素的作用，這是我國武術訓練思想上、方法上的一個質的飛躍。

7. 氣沉丹田

「丹田」一詞，源於道家，現已作為太極拳和氣功的基本術語。丹田是培養精氣、調理精氣神之處，是精氣神凝聚伏結成丹之舍。

丹田的形態學定位，諸家說法不一。晉代葛洪在《抱朴子內篇·地真》裏提出，丹田有上中下之分，眉間為上丹田，心下為中丹田，臍下為下丹田。後代根據精氣神的修練誰為主導，其具體定位更見紛紜。

如兩眉間印堂、祖竅穴和頭頂百會為上丹田，亦有指腦中泥丸內，鼻準至額顱間為上丹田，稱其為「乾頂」「天穀」「內院」「玄關」，為練神還虛之舍。兩乳之間膻中穴為中丹田，亦有指膻中至臍間為中丹田，為練氣化神之舍。臍神厥穴、臍下一寸五分（同身寸）氣海穴、臍下三寸關元穴，甚至中極穴和會陰穴均曾被認為下丹田，亦有指臍下少腹和會陰之間為下丹田，為練精化氣之舍。

此外，尚有前丹田、後丹田、頂丹田、底丹田之說。臍下關元穴內部及其周圍為前丹田，係練精化氣及後天精氣歸藏之處；腰間命門之域為後丹田，係先天精氣寓寄之處；頭頂百會之域為頂丹田，係練神還虛及人氣天氣相交之處；海底會陰之域為底丹田，係真氣生化及人氣地氣相接之處。

太極拳學通常以關元穴內部及其周圍為丹田。宋書銘傳抄太極拳譜《三十七心會論》曰：「腰脊為第一主宰……丹田為第一賓輔……」即是說後丹田（命門穴周圍）為第一主宰，而前丹田（關元穴周圍）為第一賓輔。這是太極拳的特點所決定的，是用勁時自然形成的，也完全符合太極拳健身的原理。

太極拳論說「命意源頭在腰隙（際）」「刻刻留心在腰間」「主宰於腰，形於手指」「力由脊發」「氣斂入脊骨」等等，都說明腰脊為太極拳精氣的源泉，是勁力的發動之處，也是氣運行的始發點，當然也就是以心行氣、以氣運身、意氣相換的起點。而太極拳是以老子「虛其心，實其腹」為練養原則的，虛心即須束肋含胸，實腹則須氣沉丹田，氣沉丹田是指意注（不是意守）小腹關元穴周圍之（下）丹田（現代人體運動力學認為此處為人體重心所在），以意行氣，務令沉著，使小腹有充實感。

其模式如陳鑫所注「百會穴領其全身，要使清氣上升，濁氣下降。清氣如何上升，非平心靜氣不可，濁氣必下降至足。一勢既完，上體清氣皆歸丹田。蓋心氣一下，則全體之氣無不俱下」。又說：「至於中氣歸丹田之說，不必執泥，但使氣降於臍下小腹而已。若細研之，丹田非氣之原，何以

獨以歸此？此不過略言大意而已。若究其原，周身元氣皆出於腎，腎水足則氣自壯。」

氣能沉丹田則腹心鬆淨，而後氣能騰然；氣能騰然則鼓盪，而後意氣換得靈。氣之鼓盪，即為自然之深呼吸，吸氣蓄為合，呼氣放為開，一呼而氣沉丹田，一吸而氣貼脊背。開合鼓盪，活潑變化，氣動身隨，載沉載浮，忽隱忽現。此即《太極拳經歌訣》所謂「拿住丹田練內功，哼哈二氣妙無窮」。哼哈二氣即丹田之陰陽二氣。

丹田動則無有不動，丹田靜則無有不靜，內動導外動，外動合內動，內氣潛轉，勁由內換，如長江大河，取之無盡，用之不竭。至用之時，氣沉丹田，斂入脊骨，含蓄其勁，待之而動，力由脊發，則沛然而莫能禦也。

《太極拳使用法‧大小太極解》曰：「氣能入丹田，為氣總機關，由此分運四體百骸，以氣周流全身，意至氣至。練到此地位，其力不可限量矣。」此句所言之「力」即是「勁」，二者是統一的。

腎藏元精，命門總主兩腎，故命門主之，丹田元氣所注，心藏元神。前之丹田為元氣所注之處，為氣總機關；後之腰脊命門為精氣之原，亦為勁發動之處。前後成貫注之勢，在虛領頂勁、尾閭中正和鬆腰落胯的條件下，在心神的主司下日日貫輸，終日乾乾之功，進而不止，日久自到。精氣神凝合伏結而成丹，即太極渾元勁也，亦即混元氣也，臍下和腎間動氣也。秦漢醫籍《難經‧六十六難》指出：「臍下、腎間動氣者，人之生命也，十二經之根本也。」當然亦是太極拳之根本。

　　從上述可以看出，以後丹田腰脊命門為主宰，著眼處在勁；以前丹田關元，即（下）丹田為賓輔，著眼處在氣。勁（力）與氣合，主與賓合，提挈全身，以勁為主，突顯太極拳的武術功能及以動為用的運動形式，是動中求靜的動功。以氣為輔，決定太極拳動中必須求靜，以靜為體，根於虛靜，以階及「靜中觸動動猶靜，因敵變化示神奇」的神明境界。

　　太極拳理論提出了腰脊命門與丹田的關係，是主宰與賓輔的主從關係，也是我國武術理論上的一個重大貢獻。

　　然而太極拳作為拳術以應敵，拳彌六合，瞬息萬變。故其所謂丹田，究其實質，是寓寄精氣神之整個形體，是無處不丹田的。正如向愷然所說：「總之守在何處，丹自何處生，故名丹田。」

　　又如陳長興《太極拳十大要論》說：「夫太極拳者，千變萬化，無往非勁。勢雖不侔，而勁歸於一。夫所謂一者，自頂至足，內有臟腑筋骨，外有肌膚皮肉，四肢百骸相連而為一者也。破之而不開，撞之而不散。上欲動而下自隨之，下欲動而上自領之。上下動而中部應之，中部動而上下和之。內外相連，前後相需。所謂一以貫者，其斯之謂歟！」此論言勁歸一，言全體內外歸一，言三丹田歸一或言五丹田歸一，皆相近似。

　　下丹田練精化氣，中丹田練氣化神，上丹田練神還虛，三丹田或五丹田合一，則精氣神合一，心與意合，氣與力（勁）合，「而後百骸筋節自相貫通，上下表裏不難聯絡，庶乎散者統之，分者合之，四肢百骸總歸一氣」。

太極之內勁至此境界，「行氣如九曲珠，無微不到，運勁如百煉鋼，何堅不摧」。這正是太極拳周身無處不丹田的神明功夫的寫照。

正如筆者在本章太極意法中所說，太極拳所謂的氣沉丹田，是採用腹式呼吸法而使氣下行，虛胸實腹，穩固下盤的自然現象，而絕非意守丹田。同時指出氣沉丹田亦非腹部之局部要求，而是整體的要求。一呼而氣沉丹田，一吸而氣斂入脊骨，以氣運身，務令順遂。絕不可格外用力，勉強使呼吸與拳勢配合，以致憋氣而造成偏差。

顧留馨老師指出：「不論練拳或推手，當氣沉丹田以意運勁略一貫於腳跟之一瞬間，決不可下蹲作勢，否則會形成缺陷、凹凸、斷續之病，氣勢一有斷續，便形成兩股勁，不是一股勁，便不是氣勢鼓蕩，一氣貫通。」

太極拳本意為渾圓，以圓為體，以陰陽為用，太極各勁非圓滿不靈，能圓滿則活。圓而不滿則凹，滿而不圓則凸，皆非真圓，即非圓滿，不圓滿則不能自始自終一氣貫通，不能一氣貫通，則於太和元氣終難問津。這是氣沉丹田時所應該注意的一些問題。

七、太極手法、步型、步法和 腿法、膝法

王宗岳《太極拳釋名》曰：「太極拳，一名長拳，又名十三勢。長拳者，如長江大海，滔滔不絕也。十三勢者，分掤、捋、擠、按、採、挒、肘、靠、進、退、顧、盼、定

也。

「掤、捋、擠、按，即坎、離、震、兌四正方也；採、挒、肘、靠，即乾、坤、艮、巽四斜角也。此八卦也。進步、退步、左顧、右盼、中定，即金、木、水、火、土也。此五行也。合而言之，曰十三勢。」

由此可知太極十三勢的提法，是掤捋擠按採挒肘靠八門手法，亦稱八門勁法加進退顧盼定五種步法，即八五之和的總稱。由八門五步而來的十三勢不僅以此名拳，亦以此名器械。如太極十三劍、太極十三刀、太極十三槍（杆）和太極十三戟等。皆因器械無非是手之延伸，拳之衍變。

在太極拳的理論體系中，八門手法及五種步法往往與我國哲學中的陰陽、四象、五行、八卦相模擬，而每一門手法、每一種步法又比附聯繫一種卦象和一個方位。

正如前所說明任何的模擬都無法體現太極拳手法步法的陰陽、虛實、動靜等的多樣和千變萬化，所以我們在以易經為理論基礎、以八卦五行之比附分析太極拳的八門五步時，絕不可拘泥不化。

歷史上流傳有兩種八卦，一種是文王八卦，即後天八卦，為離南、坎北，震東、兌西；一種是伏羲八卦，即先天八卦，為乾南、坤北、離東、坎西。因而各派，甚至同派的太極拳，其八門五步之模擬，亦有先、後天八卦兩大類，如表5、6所示。

從表5與表6的對照中不難發現先、後天八卦的不同，並可從中考證出拳論的衍變過程。孟乃昌先生指出：按《周易》原本僅有文王八卦一種比附，宋初邵子雍造作伏羲八

表5　先天八卦（伏羲八卦）表

八卦	乾	坤	坎	離	巽	震	兌	艮	庚辛	甲乙	壬癸	丙丁	戊己
卦象	三連	六斷	中滿	中虛	下斷	仰盂	上缺	覆碗					
圖像	☰	☷	☵	☲	☴	☳	☱	☶					
相應	天	地	水	火	風	雷	澤	山					
勁別	掤	捋	擠	按	採	挒	肘	靠	前進	後退	左顧	右盼	中定
方位	南	北	西	東	西南	東北	東南	西北	西	東	北	南	中
屬性	火	水	金	木	土	土	木	金	金	木	水	火	土
竅位	祖竅	會陰	膻中	夾脊	丹田	肩井	玉枕	性宮	膻中	夾脊	會陰	祖竅	丹田
歸經	心經	腎經	肺經	肝經	脾經	胃經	膽經	大腸經	肺經	肝經	腎經	心經	脾經
拳勢	攬雀尾				提手上勢	手揮琵琶	撇身捶	野馬分鬃	摟膝拗步	倒攆猴	雲手		十字手

表6 後天八卦（文王八卦）表

八卦	坎	離	震	兌	乾	坤	艮	巽					
卦象	中滿	中虛	仰盂	上缺	三連	六斷	覆碗	下斷					
圖像	☵	☲	☳	☱	☰	☷	☶	☴					
相應	水	火	雷	澤	天	地	山	風					
勁別	掤	捋	擠	按	採	挒	肘	靠	進	退	顧	盼	定
方位	北	南	東	西	西北	西南	東北	東南	北	南	西	東	中
屬性	水	火	木	金	金	土	土	木	水	火	金	木	土
竅位	會陰	祖竅	夾脊	膻中	性宮	丹田	肩井	玉枕	會陰	祖竅	膻中	夾脊	丹田
歸經	腎經	心經	肝經	肺經	大腸經	脾經	胃經	膽經	腎經	心經	肺經	肝經	脾經
拳勢	攬雀尾				提手上勢	手揮琵琶	撇身捶	野馬分鬃	摟膝拗步	倒攆猴	雲手		十字手

卦，自稱先天，而指文王為後天。宋儒朱熹等多沿襲自雍，至清乾嘉之後，方澄清了此段歷史，孫淵如《問字堂集》指出：「今所傳伏羲八卦，乾南坤北及乾一兌二，蓋邵雍誤讀《易·說卦》，造為乾南坤北，離東坎西。」

太極拳各派之「十三勢」，楊澄甫《體用全書》及陳炎林、徐致一、馬有清等楊、吳二式太極拳都沿用伏羲八卦；而武禹襄、郝少如、孫祿堂等武、孫二式太極拳則沿傳文王八卦。可能因武、李等讀詩易、知考據，故依乾嘉後結論而改。而楊式家藏本（係楊澄甫遺物）亦用文王八卦，疑係與武、李兩家交往而得，其中注出「此係後天八卦」。至於由楊振基先生披露的楊家家傳 32 目手抄藏本，其所錄《八門五步》所述之八卦，則既非伏羲（先天）八卦，亦非文王（後天）八卦，係由文王八卦變化而來的第三種八卦，其來源、演變及為何如此改變和配合，有待考據。

《八門五步》全文如下：

掤	捋	擠	按	採	挒	肘	靠	方位
（南）	（西）	（東）	（北）	（西北）	（東南）	（東北）	（西南）	
坎	離	兌	震	巽	乾	坤	艮	八門

方位八門，乃為陰陽顛倒之理，周而復始，隨其所行也。總之四正四隅，不可不知矣。

夫掤捋擠按是四正之手，採挒肘靠是四隅之手。合隅正之手，得門位之卦。以身分步，五行在意，支撐八面。五行進步火，退步水，左顧木，右盼金，定之方中土也。

夫進退為水火之步，顧盼為金木之步，以中土為樞機之軸，懷藏八卦，腳跐五行，手步八五，其數十三，出於自然

十三勢也。名之曰：八門五步。

　　為了進一步明瞭《八門五步》所述的第三種八卦，如表7所示，並簡易畫出三種八卦圖，如圖4～6所示。《八門五步》一文進一步明確了太極拳是以「中土為樞機之軸，掌運八方，足行五步」的，「手步八五，其數十三，出於自然十三勢」，也說明三種八卦的變化無非是陰陽顛倒之理，也即太極之原理。

　　太極拳之運動，定之方中，以中土為樞機之軸，即是中土不離位。展開兩手兩足運而成圓，手（腕）足（踝）範圍為外圈，八卦圍而成方。肘膝範圍為中圈，此方圓之內為四正手掤捋擠按攻守範圍。人體之內肩胯範圍為圓中之圓、為

表7　第三種八卦表

八卦	坎	離	兌	震	巽	乾	坤	艮					
卦象	中满	中虛	上缺	仰盂	下斷	三連	六斷	覆碗					
圖像	☵	☲	☱	☳	☴	☰	☷	☶					
相應	水	火	澤	雷	風	天	地	山					
勁別	掤	捋	擠	按	採	挒	肘	靠	進	退	顧	盼	定
方位	南	西	東	北	西北	東南	東北	西南	南	北	東	西	中
屬性	火	金	木	水	金	木	土	土	火	水	木	金	土

第一種八卦先天八卦圖　　　　第二種八卦後天八卦圖

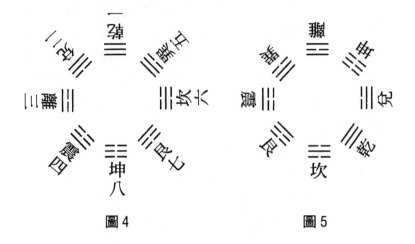

圖 4　　　　　　　　　　　圖 5

第三種八卦太極八卦圖

圖 6

內圈，此兩圓之間出隅手，以肘靠補救，方之外用採挒補救，是為四隅手。人體範圍為中土，守中土，才能使身樁端正、無所偏倚、虛靈內合、上領頂勁、中守重心和下把閭舵，中氣上自百會穴、下貫長強穴，如一線穿成也，保持中定，達到相對的動態平衡，從而保證肢體運動活如車輪。

(一)太極手法

所謂「懷藏八卦」是心懷也，手抱也。正如光緒帝老師、大學士翁同和贊楊祿禪句：「楊進退神速，虛實莫測，身如猿猱，手如運球，猶太極之渾然一體也」及「手捧太極震環宇，胸懷絕技壓群英」贈聯之所形容。

八卦即掤、挒、擠、按、採、挒、肘、靠八種手法，緊要全在胸中腰間運化，即手法不僅在手，全身肌肉骨骼、五臟六腑九竅三百六十節都有相應的虛實狀態，如此才是人道自己，道法自然，心之一動，百骸無有不動，心靜則百骸皆靜，一動則分陰陽，一靜則合太極，故八卦在胸中，即太極在心中，謂之「懷藏八卦」。

心有太極，「捶自心出，拳隨意發」自然手抱八卦。心氣一發，上下一條線，任憑兩手轉，起落有方，動轉有位，此謂「手捧太極」。手捧太極即太極之八門，掤挒擠按採挒肘靠也，作為手法來看捧者即八門之掤手也。

1.掤　手

「掤」，相承架托之意，膨也；逆敵之勢承而向上，使敵之力不得降也。楊式太極讀作朋，陳式太極等讀作繃，平

聲，撐緊之謂。讀法不同，釋義稍異，出於豫北溫縣與冀南永年讀音之差別，似應以繃為正源。

掤勁是由肢體放長撐開的彈性勁。沉肩垂肘，坐腕舒指，本身就是掤，全身鬆沉就有掤勁。沒有掤勁，也就沒有太極拳。掤勁就是內勁，即太極勁，為似鬆非鬆、將展未展、剛柔相濟、如棉裹鐵和向各方向的富有彈性與韌性的勁，具有沾黏連隨、籠環逼化作用的勁。

楊澄甫在《太極拳體用全書》「推手」一章中說：「掤法向外，駕禦敵人之按手，使不得按至胸腹貼近，故曰掤……其用法，最忌板滯，又忌遲重。板者，不知自己之運動；滯者，遲重者，必以力禦人，便成死手，非太極家之所取也。必曰掤者，黏也非抗也，手向外掤，意欲黏回，又不使己之掤手與胸部貼近。得化勁全賴腰轉，一轉腰則我之掤勢已成矣。」這對四正或四隅的掤手，無論是單掤或雙掤都是適用的。

凡對手來勁，我應出手含掤似圍牆，意氣鼓蕩，全身無使有凹凸處，掤勁既圓且滿，能圓則靈，能滿則活。圓而不滿則凹，謂瘪丟，瘪丟便成「軟手」，易被人壓扁得實發放；滿而不圓則凸，謂頂抗，頂抗便成「硬手」或「死手」，易被人借勁引進落空。

沈壽老師指出：凡做掤手，手臂屈肘一般略大於直角，這時手臂就呈半月形圓撐的姿勢。

從力學原理上說，拱形的抗壓能力強於其他形狀，所以掤手的手臂要撐得圓滿，而不可屈成銳角。即《八要》說的「掤要撐」，撐的意義不僅僅是指要向上掤撐，更重要的是

肩部腋下要含虛，像裝有彈簧一樣，使手臂猶如受到彈簧的支撐而富有彈性。同時，要以腰為軸，做到一動無有不動，這樣既能捨己從人，隨人而動，不犯頂抗毛病，又能始終保持柔韌如弓的掤勁，不致被人壓扁。

太極拳家常說一身備五弓，就是把脊椎和四肢各比作一張弓，而四肢這四張小弓是由軀幹大弓，即腰軸來加以統率的，以手臂來說，把它比作一張弓時，就像在根節（肩部）與梢節（腕部）之間繫上一根無形的弓弦。蓄勢時把弦拉緊，手臂屈肘略呈拉弓時的弓形，這時仿佛含有向外的掙力；發勁時把弦一放，手臂就會自然地產生彈勁向外抖發。當然，必須經過反覆鍛鍊實踐，始能獲得敏捷而富有內在力量的反射作用。然而這種掤勁的練習，仍離不開腰腿的支撐、五弓協調一致的行動和以意領先，以及力由脊發等的基本要求，而切忌只在手臂上用功夫。否則徒具一臂之力，其勁必然板滯遲重或飄浮不沉。

基於上述，才有「掤要撐」「臂由腰撐」「掤要圓撐」「掤撐圓而沉」等一系列的關於掤的說法。

掤手是太極拳的總手，也是推手中的接手。拳諺說的「八法掤為首」「掤勁不丟」，都說明了太極拳中的掤勁極為重要。所謂太極拳，乃柔中寓剛，棉裏藏針之藝術，這所藏之「針」，便是掤勁。

沈壽老師曾經指出：從字面上說，八法中掤法列為第一法，從實質上說，掤勁不只是一個掤式所獨有的，而是所有太極八法，甚至太極拳的任何一手，都須或多或少地含有掤勁，如丟了掤勁，那就成了沒有骨力的「軟手」，雖能不犯

「頂、抗」之病，但「癟、丟」之病不斷，依然難成好手。

初學推手者，以「硬手」最為多見，所以教學上強調以鬆柔入手，如練不出柔中之剛而丟了掤勁，儘管外形柔順有餘，而缺乏內在力量，形成柔中乏剛，那又怎能談得上剛柔相濟。

拳諺說：「人無剛骨，安身不牢；拳無剛柔，出手無效。」《太極下乘武事解》曰：「太極之武事，外操柔軟，內含堅剛，而求柔軟，柔軟之於外，久而久之，自得內之堅剛。非有心堅剛，實有心柔軟也。所難者，內要含蓄堅剛而不施，外終柔軟而迎敵，以柔軟而應堅剛，使堅剛盡化無有矣！」顯然以為太極拳只要柔、不要剛只是一種誤解。

拳諺說「運化要柔，落點要剛」，是相對地指化勁和發勁來說的，然而無論化勁和發勁都不可丟掉最基本的掤勁。因此，太極拳術語中有「掤勁不能丟」的說法，從這裏也不難看出，把「掤」列為八法之首絕非偶然，而是蘊含深刻的拳理的。

狹義的掤手即相承上托的螺旋勁法。太極拳的諸多之勁可概括為一個掤字，掤手（勁）在以腰脊為主宰、丹田為賓輔、心為令、氣為旗、腰為軸和上下一條線的情況下，兩膊相繫，兩手虛實轉換，陰陽互變，剛柔互運，沾黏連隨，隨屈就伸，無往不復，自然能「百變」為捋、擠、按、採、挒、肘、靠等手法，亦即勁別。

譚孟賢仿李時珍《瀕湖脈學》作《八手歌》詠之（方括號內係周稔豐校改）：

「掤勁義何解？如水負行舟，先實丹田氣，次要頂頭

懸。周身〔全體〕彈簧力，開合一定間。任爾千金〔身力〕大，飄浮亦不難。」

2. 将　手

「将」，順抹，整理之意。《太極拳體用全書》曰：「将者，連著彼之肘與腕，不抗不採，因彼伸臂襲我，我順其勢而取之，是收回意謂之将。」說明将手（勁）是利用摩擦力，由撑身轉腰就勢黏化而產生的，其常見之手法為「将在掌中」和「将在尺中」。

前者的優點是手掌的觸覺靈敏，能隨将進招；而後者的好處是隨著功夫加深，其前臂部位的觸覺靈敏度就能相對地提高，在推手、散手時，既有利於近身用招，又能騰出手部備用。同時，由将化擠發勁時，也特別沉著有勁；若要轉換為其他手法，如由将變閃、變肘（沉肘、擻肘、頂肘等）、變採、變按等等，可變的路數很多。

故傳統的楊式太極拳拳架和推手的将手均主張使用前臂的尺骨，即主張「将在尺中」。

「将在掌中」，用手掌将不是不可以，而是欠妥當，在移位時易為人察覺，在變手換招時又易犯癟丟的毛病，反之用尺骨将更好，既利於近身用招、易於變招，又可騰出手部備用，有托架滾搓、拴推探撲和纏繞勾抹等技擊意義。

傅鍾文和沈壽曾有生動的比喻：将在掌中好比長槍、大炮鋸斷槍管、炮筒作短槍、短程火炮用，威力也就大減了。所以「将手」動作前手用尺骨，後手使掤勁用腕骨，掤将相配，将化時兩手距離保持不變，並與腰胯的動作相協調，做

到兩膊相繫、上下相隨。

　　将手是利用摩擦力就勢黏化，把對方來勁引向我之身軀外側使之落空，借力得手，使對方向前傾跌。四正手中掤、擠、按手一般都使人向後傾跌，惟将手能引人前仆，且最難掌握，因為将手是引化的一種形式，将得太重，宜為對方覺察而變化走脫；将得太輕，往往不起黏化牽引作用，易被對方侵襲內門。所以将手須将抱順且韌，圓活柔順，順勢而取，掤勁不丟，輕重快慢操縱得宜。将化時身體始終正直轉體，不可前俯後仰或搖晃，不滯不疾，不先不後，上下相隨，以免腰手脫節。

　　将手還須掤将相通，在手法應用及外形上，掤為開、将為合，掤往将來僅方向相反而已，所以「将之為引」全賴轉腰。将化必須坐腰落胯，做到肩胯、肘膝、手足相合，側身閃賺，身法要圓潤和順，步法要穩固厚重。如意欲向後施以将手，則應先外掤誘出對方之力，然後順勢向內、向一側将去，就易於得力，使之引進落空，此謂牽動四兩撥千斤。即便将來而未致對方跌仆，其舊力已過，新力未生，且必向後掙力，也可乘勢補以擠、掤、按手，無不「其根自斷」而騰空跌出，此謂「引進落空合即出」。「屈伸自由之功」由於将手的銜接，使四正手達到「引（将）之使來，不得不來，揮（掤、擠、按）之使去，不得不去」的神化境界。

　　将手之方向，由於坐實後腿，看起來似有向下将之趨向，其實這是虛象，正確的動作應該是利用外掤誘出對方之力，然後利用轉腰閃賺勢弧形将進，向胸前一側平行将去，使之引進落空。而向下和向側下或內将，直向自己的胸前引

進或身前将到底，這就變成「引進落實」了。

也不能一開始就使兩臂往外将，變順将為外撥，逆勢用将，易犯頂抗硬撥的毛病，自己也不得力，當然也就無将勁可言了。将手避勢而不失機，讓身而不讓勢，得其機，順其勢，順勢而為，伺機而将，才能無往而不利。

将手兩臂應隨腰胯圓轉順勢将，兩掌不能偏離過開，兩腕間距一尺骨，兩臂不可「脫肘」（即「懸肘」「揚肘」），也不可夾緊貼肋。從健身、技擊的要求出發，用将很重要的一點是近身之手要符合沉肩垂肘、腕不貼胸及肘不貼肋、肘不離肋的技術規範。沉肩垂肘，使将抱順且韌；腕不貼胸，不使其癟；肘不貼肋，使腋窩保持適度懸空，保證肘部有足夠的迴旋餘地，以免把自己的身體困住；肘不離肋，就是在保證肘有迴旋活動餘地的情況下，肘儘量靠近，不離開肋部，便於保護兩肋和兩腰要害部位。

此外，肘部舉揚，肩、肘、腕等關節自然就難以鬆沉，使氣血阻塞、勁力滯澀、勁不能由脊發，亦不能貫於手指，造成攻不能放人致遠，守不能掤勁不丟及引進落空。

所謂使腋窩保持適度懸空，通常在腋窩留有一拳寬的空隙。沈壽老師有一個生動的比喻，就是腋下如放置雞蛋，「肘不貼肋，不致使其壓碎；肘不離肋，不致使其跌碎」。高人妙言。

譚孟賢《八手歌》詠之：「将勁義何解？引導使之前。順其來勢力，引之使長延〔周本無此五字〕，輕靈不丟頂，力盡自然空〔周本此處多『丟擊任自然』五字〕，重心自維持，莫被他人乘。」

3. 擠　手

「擠」，從手從齊，含有排擠的意思。「排擠」兩字在日常用語中也是連用的。《說文解字》中析「擠」字為「排也，推也」，以手向外擠物前進也。

在太極拳中，用後手的掌根，合於前手的內側脈門，勁點在後手，以前手為墊襯，以兩手合攏之勁擠發，將對方彈放出去，此即謂之擠。所以擠時要略成橫形，而動作仍須中正圓滿。前擠時要沉肩垂肘，即肩關節鬆沉，鎖骨平準微下沉，肘關節始終保持適度的彎曲和沉垂，從而做到「三垂」，即氣垂、肩垂和肘垂。氣垂則氣沉丹田，身穩如山；肩垂則臂鬆勁活，肩催肘前；肘垂則膊自圓，能固兩肋。這樣才符合勁以曲蓄而有餘的技擊原理。

而「排」是兩前臂一前一後像排隊一樣排在一起的意思。《太極拳九訣八十一式批註・八要》曰：「擠要橫」，即「擠要橫排」。橫排易借助肘勁，得勢得力，氣勢沉雄，勁力渾厚。反之，如兩手太出，呈銳角之勢前擠，由於可著力的作用面積較小，易被對方化解，也易被對方乘勢引跌。

雖說擠要橫排，而橫排又要注意不要揚肘，肘要略低於手腕，做到肘不離肋和肘不貼肋。兩臂須中正圓滿，以肘不過膝為度，既不可過於靠近胸部，又不可過於挺伸。過於靠近就「癟」，「癟」了就容易落實，造成被動；過於挺伸既不得力，又易為對方化解或乘勢引進借力空放。

兩手合而前擠，雖說須稍向上起，方能起拔人根基之效，然而不可過高。過高則形成擠力向上，易為對方化解，

達不到擠的目的，而且胸前「正門」空虛，易受進攻。反之，亦不可過低，過低既不得力，也易被對方化脫。

正確的方法應沉肩屈臂，齊胸擠出，平直向前，方向要正，勁力要整，落點要準。正如沈壽老師所說：「落點要對準對方襟口和中軸一線的得力之處，如心窩、兩臂三角肌下凹陷處、背側天宗穴等等。應估量對方可能側轉的方向，如對方企圖向右轉時，我落點就須中間偏左，這樣擠勁一發就恰好落在對方的中軸上；反之，我的落點如在正中或偏右，隨著他的側轉，不但擠勁落空，更使自己陷入背境。」這就是「擠打提前量」。

《太極拳體用全書》說：「擠者，正與捋勢相反，捋則誘彼敵之按勁，使其進而入我陷阱而取之，必勝矣。設我之勁力，先為彼所覺，則彼進勁必中斷，而變為他勢；則我之捋勢失效，則不可不反退為進，用前手側採其肘，提起後手，加在前手前臂內便乘勢擠出。則彼倉猝變化之中。未有不失其機勢，而被我擠出矣。」

可見擠前應先用捋，捋向內、擠向外，為一合一開。意欲開，向外排擠發勁，必先寓向內捋化之意，用捋手引敵臂或身體至我身前側，使其落空。而此時我蓄勢已足，且已窺察機勢，乘敵落空向後抽身之機，順勢借力，迅即擠出，猶如順水推舟，無不得心應手，所向披靡。

而捋勁為化勁，就勁路來說，由於擠勁偏於短勁，如擠前無化，就無從顯出擠勁的威力，更何況化而後發是太極拳的基本原則，所以又說「擠前有一化」。而此「一化」並非侷限於捋化，其他如掤化、採化、沉化、空勁等亦皆為化

勁。凡化勁之後繼之以擠手，運用得宜，皆可使敵驀然拔根擠出。

為使擠勁完整，須做好起承轉合，行拳向左捋盡初擠時，腰胯應向右微轉，擠出時身向正前方，尾閭中正神貫頂，肩胯相合，圓襠斂臀，立身中正安舒，則擠勁有著落矣。

擠的勁點雖謂在後手，以前手為墊襯，然需以兩手合攏之勁擠發，才能有效地將對方彈放出去，所以前手之勁游離於前臂橈骨一側。初擠時左手在右臂肘凹處，隨轉腰勢慢慢弧形沿右前臂擠至腕部，擠出時左掌應虛貼右腕脈門。擠法從手法及勁路的長短規律來說，是界於按法和肘法之間的，由擠法出手可以化衍為掤、按等法，由擠法收臂側身可易變為肘、靠諸法。凡我與對手近身相接，皆可用假手輕擠試探虛實，逼迫其暴露弱點，而因敵變化，使用相應著法以取勝，這就是拳諺所說的「輕擠得虛實」。

所謂輕擠即是虛擠，實指引誘性或試探性的假擠，行拳走架擠手不能貼實或搭實，必須是虛貼輕擠。

由於擠手必須近身，才能充分發揮兩手、兩肘的合力和腰腿背脊之勁，而這只有在插步或套步深入、上下相隨和步趨身擁的情況下，才能在前足踏實的同時，使對方擠彈出去。此外，由於擠手為進攻性的手法，力量較大，易為對方放空勁，所以行拳走架務須養成立身中正、手到足到和上下相隨的良好習慣。

要避免手快足慢，或腿已弓到位而手還在擠，或身體傾側、兩肩歪斜，或上身過出等立身不正的現象，才能使擠手

上下隨合妙無窮、發落點對即成功。

譚孟賢《八手歌》詠之：「擠勁義何解？用時有兩方。直接單純意，迎合一動中。間接反應力，如球撞壁還。又如錢投鼓，躍躍聲鏗然。」

4. 按　手

「按」，抑也，據也，捺也。《說文解字》析「按」為「下也」。《管子》「按強助弱」，釋：「抑止也。」

太極拳中遇敵襲擊時，用勁抑捺敵之肢體，沉帶化開，使其來勁失效，並利用其反作用力，將其平正推彈發放出去的動作，都屬按手。按手包括雙按與單按，即用兩手或一手沉化後向前按出。《十八在訣》說：「按在腰攻。」說明按手應以腰為主力，而兩手僅起支撐作用，猶如推車上坡，非用腰腿勁無法得力。

當然，用腰並非僅限於按手，所有太極勁的引拿化發及起承轉合，關鍵都在腰腿，但按手對腰勁的利用卻是最為直接和明顯。故實施推按要虛領頂勁、尾閭守中、神貫於頂和立身平準、落胯斂臀、含胸拔背、靈通於背以及手先微沉而後略提，專注一方，用腰勁帶動全身，做到一動無有不動，心靜、身靈、氣斂、勁整、神聚，內、外、神、意、精、氣、勁合而為一，始發於腳，經於腿，及於腰，終形於手指，完整一氣，毋使有缺陷和凹凸，平正推按而出，則心、意、神因斂聚而致遠，勁、力、氣因完整而通達，充分發揮按的作用。

清代李亦畬在《撒放秘訣》中說：「放時腰腿認端

的」，說的就是全身勁整。正如沈壽老師所說：「若只用上肢按人而不用腰攻，那就成了垂柳拂面，縱然有風力可借，也只能揮灰拂塵，又何能把人按出。」

實施按手前通常隨身法後坐兩腕後抽回抹蓄勢，有一提勁，並隨有一個向內、向下沉帶的沉勁。一提而拔敵之根，故提勁實為拔根法；一沉而空敵來勁，故沉勁實為空勁法。無論提勁和沉勁，其目的都是動搖敵之根基，空其真力，使對方相連而來的掤、擠、按諸勁落空，故提、沉相連之勁皆為化勁，也可合而稱為按前有一化。

按前之一化是按手不可分割的小力打大力的重要組成部分，按前之提與沉的關係是意欲向裏、向下必先向裏、向上，而沉化與按發的關係則是意欲向外、向（微）上必先向裏、向下。提沉勁的線路為弧為曲，按出勁的線路為平為直，即曲以蓄勁，直以發放。順敵來勢，以提挈沉帶之勁化開敵之掤、擠、按等相連之來勁，然後轉腕平正按出，則勢如排山倒海，一往無敵，此即《八要》所謂「按要攻」。

然而外形上向裏、向上的提挈與向裏、向下的沉帶，以及向外微向上的按出，這一過程弧線的形成，主要是因為後坐和向前弓腿的關係，所以這個向上、向下復微向上的弧形是極微的，手臂上下之弧不宜過大，不宜過分上提和下沉，以免「正門」洞開，胸部暴露；兩手基本上是平正地按出，使發勁專注一方，並藉以獲得最佳路線和最快速度。

實施按手，勁點在掌根，意注尺骨之銳骨（俗稱尺骨小頭），即是把此處看作棍棒的頂端，意若棍棒向前捅出，仿用千斤頂的原理，以收「立木頂千斤」之效，其目的在於變

小力為大力。須知太極使暗勁純是一種意念，而不是實際的拼命用力。因為一用力身心便緊，百骸失靈，稍有注血阻塞，便失鬆和，失鬆和則氣滯力板，意停神斷，全體失統，面目全非了。

譚孟賢《八手歌》詠之：「按勁義何解？運用似水行。柔中亦寓剛〔寓剛強〕，急流勢難當。遇高則澎滿，逢窪向下潛。波浪有起伏，有孔必竄入〔無不入〕。」

5. 採　手

「採」，取也，摘也，擇而取之之謂也。採法不同於抓，抓用指甲，採用指肚。抓不是抓得皮開肉綻，就是抓得渾身淤血，甚至傷及血脈經絡，這正是太極推手和散手都禁用抓法的原因，而採絕無此弊，兩者不可等同，亦不可混淆。

為了更好地運用採法，有拳家運用陰陽五行學說，然後用模擬的方法，在梢節手指與臟腑、五行之間建立聯繫機制，簡列對照表（表8），以供參考。

表8　手指、臟腑、五行聯繫表

五行	木	火	土	金	水
體	筋	脈	肉	皮毛	骨
臟	肝	心	脾	肺	腎
腑	膽	小腸	胃	大腸	膀胱
手指	食指	中指	拇指	無名指	小指

太極之採手，則是用手（以拇、食、中三指為主，其餘二指為輔）鉗制對方腕、肘、肩、踝、膝等活節向旁牽而引之，如選物者，先擇而後取，轉置他方之意，屬於「拿」的範疇，是由武術的擒拿術發展而來，經過長期的實踐和發展，從而使它衍生為一種從風格到技法都有別於其他拳種擒拿術的一種拿法，別立「採法」一詞，而列為八法之一。「採」之一字，表示了獨具特色的太極拳拿法。

採的範圍極廣，但不外採人活節，其基本用法為單採、雙採。單採一般是與其他手法相輔應用的，如採捋、採挒、採按、採閃等，使用單採以試探虛實，然後伺機補手，這是常用的手法。

單採與其他手法相輔互配應用時，其運勁方向有一致的，如「攬雀尾」勢之捋採；而「斜飛」和「野馬分鬃」勢之一採一挒，虛採以引出彼之反作用力或採出其前傾失重感，待彼慌忙抽身，我則順勢套步挒發，此採挒之運勁方向恰恰相反；而「摟膝拗步」等摟採按推之配，則成角度。

至於雙採則務須並行地向一側發放，而不可採執其兩手或兩臂分向兩側發放，因為這樣不是對方撞入自己內門無從閃避，就是反而穩定了對方的重心，所以採手應該度勢而用。正如沈壽老師所說：「採人猶如用繩子拉倒木樁一樣，對方前傾，我便由上而下地採其上肢；對方後抑，我便由下而上地採其下肢，目的都在於使其失衡傾跌。」

採手的基本作用有兩種：一是鉗制，二是發放。用採勁，無論其發向何方，都帶有拋擲之勢，一般採取先陽後陰或先陰後陽，如意欲向我右側採發，先採之向左；反之亦

然。其目的在於引出反作用力，然後順勢發放，這時要注意勁力順暢，動作圓轉，勢沉力渾，完整一氣。借助離心力或反作用力，就能順勢借力，達到四兩撥千斤的效果。若用採被人感知而受阻，則應迅捷轉化為擠按等勢進擊，轉化時勢宜順而勁不可斷，否則易犯雙重之病。

《八要訣》說「採要實」，即「採時要實」。正如沈壽老師所描述的那樣，採的手法像採摘果實或花朵，其技法又如採茶或捕雀、捉蟬，是以技巧為尚的。採勁的運用應遵循採前要輕、採時要實和採後即放的採法三步曲。採前要輕，是指採發之前的動作要輕靈，如同虛無，太重了，花易捏碎，雀蟬不是捏死，就是知覺逃遁。用太極的行話說，落手重，對方即感知而化脫，那就勞而無功了。

採時要實，是指採發時要實實在在地採拿住對方的活節，如不採實，就無法達到發放、鉗制和牽引的目的了。沉採發放，不採則已，採則必須採足，一發務求成功，令其無法借勁，猝不及防。

採後即放，是指採要輕巧敏快，不僵不滯，勁力恰到好處，一採即須得效，一採即須鬆開，以利我後著發放，而決不可久久採住不放，否則反而起穩定對方重心的作用，抑或為對方乘勢得機借勁發放。

但採之三步曲所謂輕，是輕靈、輕巧之意，而決非輕飄、輕浮；所謂實，是實在、落實之義，而絕非呆實、重滯。輕飄輕浮、呆實重滯皆為採法之大忌。所以實施採手始終要保持似採非採和似拿非拿的拘拿之意，此即所謂拘意莫鬆。拳諺說：「拘意一鬆，必露破綻。」說明拘意莫鬆是採

手用意的重要組成部分，如能做到採拿意氣佔先，神意如水銀瀉地，隨曲就伸，敵我一體，我順彼背，就能「權之引衡順勢借力拔其根，轉移千斤四兩槓杆作用存」。

譚孟賢《八手歌》詠之：「採勁義何解？如權之引衡。任爾力巨細，權後知輕重。轉移只四兩，千斤亦可秤。若問理何在，杠杆作用存〔之作用〕。」

6. 挒　手

「挒」，是太極拳專用的術語詞，字書無之。最早可能是同音「捩」字的別寫，故挒即捩也，拗也，扯也，紾也，扭轉、轉折和轉移之意，以手執物而轉其力，還制其身，謂之挒。就太極拳言，凡轉移化解敵之力而還制其身者，均謂之挒。挒手在太極拳中的典型用勢是「野馬分鬃」和「斜飛」勢。

以「右野馬分鬃」為例，如敵自右側，用左順步按勢按我右臂，我身體右轉，隨以右手將敵左右腕黏住，用左手採拿其右腕，同時進右步套其左足外側，右手臂從彼腋下經胸前向前右分挒，弓腿進身連肩靠，勢湧勁沖，將敵之根拔起，又夾挒擲出去，此時左手亦稍向後分開，用沉勁以稱衡右手之勢。這是典型的正挒法，可見挒手主要利用現代力學的力偶原理，同時兼用平行四邊形合力及慣性等力學原理，故能以小力勝大力。挒法名目繁多，除了以上的正挒外，尚有反挒、橫挒、採挒、拐挒、掏挒、閃挒等等不一而足，其原理都基於力偶。

陳炎林指出：挒勁在太極拳中運用不多，所以知之者

甚少，與掤、捋、擠、按、採、肘、靠等勁相比，更不為人熟悉，但此勁如飛輪揚水，形穩而勢巨，至為重要，習者不可不知。捌手主要用於攻手，但亦用於防守，如自己被人制於勢背傾仰時，想轉順爭取主動，就可用捌法反借其勢，轉背為順。這就是所謂以招還招，彼欲使我仰跌，我即以仰跌還彼也。而其他勁則難做到這一步。

捌手要注意下列幾點：

（1）兩端用力必須大小相等，方向相反，並發生於同時。兩端用力必須相互錯開，否則形成兩力相抵，反使對方穩定了重心。

（2）既可在其身上兩端用力，也可只用一端之力，而借用其自己發出的另一端之力。但必須符合上述第（1）點條件。

（3）陳長興《用武要言》曰：「身手齊到始為真，手到身不到，擊敵不得妙；手到身亦到，破敵如摧草。」所以捌手務要上下相隨，手到步到，並以腰為軸，使全身勁力完整一氣。一般用套步或斜步反套等法封鎖對方後退之路，以奏捌效。

（4）《八字法訣》曰：「避人攻守要採捌，力在驚彈走螺旋。」說明捌手的要領在於驚彈和走螺旋。動作要敏捷，捌驚務相稱。如「野馬分鬃」的一採一捌，既引出反作用力加速其上體抽身，又使其突然失衡彈捌跌出，達到動若驚雷，使人不及掩耳的地步，若動作不驚險或不走螺旋，那對方只須跨出我所套一足，便使我難以得手了。

（5）發勁一定要得著其底盤的窄面，當其跌出時，要

預防其抓把不放，這時要特別注意自己下盤穩固。

拥手用勁，威風凜凜，用腰腿之勁而不能光用手勁，步趨身擁，上下相隨，拥驚相稱，才能奏效。此外，尚應注意與對方的距離不可過遠，遠則無效；拥手的高度亦不可過低，過低亦無效。所以要用手法、步法和身法來調整距離和高度，以適應拥手之需要，同時亦須防己內門，否則弄巧成拙為人所乘。

譚孟賢《八手歌》詠之：「拥勁義何解？旋轉若飛輪。投物於其上，脫然至尋丈〔擲尋丈〕。急流成漩渦，捲浪若螺紋。落葉墮其上，倏然便沉淪。」

7.肘　手

「肘」，胳膊彎曲處，其外側骨節曰肘。《後漢書》中「欲命駕數數被肘」、《國策》中「魏之肘韓康子」、杜甫《遭田父泥飲美嚴中丞》詩中「高聲索果栗，欲起時被肘」中的「肘」皆為掣肘、捉住其肘解。就太極拳言，以肘擊人為肘手。各派拳術均有用肘處，他派用肘多為屈臂，以肘尖直抵敵的胸、腹、肋、脅各部，惟太極之用肘多在推擠擁靠中求妙用。

用手擊人（包括指掌拳腕）應有相當距離，然當對方逼迫近身進入我「二門」（肘為二門），拳勢被閉而不能發時，惟有用肘手相助，故肘手亦稱二門手。又抑或當我一臂之肩、腕兩節被採執擒拿，而使我的肘部接近彼的胸、肋、腹、脅時，正是我順勢進取屈肘使肘之良機。所以牛連元轉授之楊式九訣《八字法訣》曰「逞勢進取貼身肘」，《全體

大用訣》曰「貼身靠近橫肘上」。

《十八在訣》曰：「肘在屈使。」說明用肘法須把肘關節彎曲成一定的角度。屈使的角度不能大於直角，這是因為銳角的殺傷力大，但也不能使上臂和前臂緊貼造成僵硬，犯硬抗死頂的毛病。

太極拳的肘手與掤、将、擠、按、採、挒六手密切相關，互相通融，六手均以肘手為後援，以解六手困厄之時。其肘法有直頂和橫頂，上下、左右、前後都可以頂，亦可以連環頂，總是順勢而就，乘虛而入，任意使為，直擊對方心窩、軟肋、腋下、小腹等軟襠要害。所以《十三字行功訣》曰：「肘靠隨時任意行。」

《八要》說「肘要沖」，說明肘手的運用是衝擊式的，速度快，力量大，突發性強，極易傷人，可謂毒手。又肘手雖然兇猛，卻易破解，用不得法，反易被人借勢而受制於人，所以《八法歌》曰：「肘屈勿輕使。」太極推手與散手是不用護具的，亦因此而禁用肘手。

與人做友誼切磋，尤其是初學推手者，更應預防其自覺或不自覺地頂肘傷人。明‧俞大猷說「視不能如能」，說明古今學武術易傷人的，往往是只得皮毛的「不能」者，而「能」者反而不易傷人。所以傅鍾文、沈壽兩導師常告誡我們，儘量避免和圈外的人交手，非不得已，對陌生人、初學者或前來所謂的討教者，亦須嚴加防範，「視不能如能」，以防其以毒手自覺或不自覺地傷人。

譚孟賢《八手歌》詠之：「肘勁義何解？方法計〔有〕五行。陰陽分上下，虛實宜辨清。連環勢莫當，開化捶更

凶。六勁融通後，用途〔運用〕始無窮。」

8. 靠　手

「靠」，偎也，依也，挨也，倚也。各派武術皆有靠手，就靠法來分析，肩、膊、胯、膝、臀、背、胸皆可靠人，就太極而言，以肩、胸靠擊人為主，故《十八在訣》說「靠在肩胸」。

此外，尚有膊、背、胯、膝等靠，此即謂太極拳之諸靠。《拳經總歌》曰：「縱放屈伸人莫知，諸靠纏繞我皆依。」太極拳的靠手尤為重要，無論何勢，非相靠不能懂勁，而後始可沾黏連隨以擊敵。

靠法的名目繁多，有丁字靠、一字靠、迎門靠、雙分靠、背折靠、側身靠、肩背靠、七寸靠等諸靠。《十三字用功訣》曰「肘靠攻在腳跟前」，《八要》曰「靠要崩」。說明無論使用何種靠手，都須在與對方身體貼近之際用崩砟勁靠去。「崩砟」之砟，音炸，碎石解，喻使用靠勁如崩坍碑石一樣，大有山崩石裂之勢。

太極拳用招有遠拳近肘貼身靠的說法，所以《八法訣》曰「靠崩必貼身」。這裏的所謂貼身是就相對距離而言的，距離極近和肘法被閉不能發勁時，用靠手彌補。指「貼近身體才用靠」，而不是指「貼住身體始用靠」。因靠手主要是運用運動力學上的衝量和位能，靠時必須離彼有適當的距離，既不可遠距離衝撞，也不可貼住彼身始靠發勁。

遠距離靠擊，不是衝撞傷人，就是易為人引進落空，失衡慘跌，根本發揮不了「肘靠隨時任意行」的突發崩砟作

用，也就失去了靠的意義。

如「貼住身體始用靠」，則因距離為零，失去了衝量和位能，勁路完全被閉塞，靠也就不成其為靠，即無靠手可言，發放的效果不大，反易受人制。靠時還須注意應用肩側的三角肌、胸部的胸大肌和臀部的臀大肌等多肉部位平正地靠發，而不可斜著肩膀或凸著臀部等貿然而來，恃勇力以堅硬的骨節、骨骼硬頂猛撞。不然，一則易造成互傷事故，二則易失衡自跌。

太極靠手要用腰腿勁，加上意氣靠之。靠時或上或下，要隨勢相機而行。除此而外，其發落點（即發勁著落點）亦不可偏於對方中線易於轉向的一側，否則極易因對方閃避而落空。在步法上以順步較為得勢。不論採用插逼或者封套，步要深入，身宜趨擁，做到頂勁虛領、肩膀相合、上下相隨、兩肩平沉、鬆腰落胯和立身中正，才能充分發揮靠手的崩砟作用。

崩砟一詞即可說明靠勁在太極八法中大於其他各勁，其作用面積較大、壓力較小和接觸對方身體後做功的時間相對較長，因而其勁力渾厚，頗具威風凜凜、波開浪裂、靜似山嶽和動如雷發之氣勢。

靠之不慎，易傷及內臟，且不像皮肉之傷那樣容易察覺，所以運用靠手，力度及靠擊部位均要掌握分寸。

譚孟賢《八手歌》詠之：「靠勁義何解？其法分肩背，斜飛勢用肩，肩中還有背。一旦得機勢，轟然如倒〔搗〕砟。仔細維重心，失中徒無功。」

掤、捋、擠、按、採、挒、肘、靠八門，即八手，亦

即八勁或八法，在太極拳中極為重要。八手可單用，亦可合手聯用和連用。並無定規，無須過分拘於形式。

《沈子拳法》中指出：「因敵用術，最要變通」「自古手搏，原無定法，法即是變，通即是法」。又說：「著變手變，神活在先」「神龍隱現，瞬息萬變，克敵制勝，全在一變」。說明臨陣用手，一切都要視敵我雙方的形勢來變通，太極八手是可以隨意搭配和隨心變化的。

八手形簡而意賅，大凡天地間高深學術皆循此理，而形式繁雜者反而極少精義。然而太極八手，猶如常山蛇陣，擊首則尾應，擊尾則首應，擊其中則首尾皆應。其陰陽、攻守、剛柔和虛實等靈妙變通，循環無端，往復不已，則變化無窮矣。

沈壽老師就曾撰寫《太極拳九十六法訣》，以掤、捋、擠、按、採、挒、肘、靠八法為主，其餘八十八法為輔，合稱「子母九十六法」。為便於太極同道研究，敬錄如下：

太極拳九十六法訣
（四言二十四句）

掤捋擠按，採挒肘靠。
托架藏撈，分化沾黏。
抹勾拂撥，開合提擔。
摟抱沉壓，纏繞挑剪。
拴推探撲，撩穿插點。
旋轉格勒，墜落挽板。

遮蓋撂截，籠擰回環。

封閉雲猿，看護搬攔。

撅頂拔拍，扼鎖刮扇。

沖貫撇栽，絞崩劈砍。

搭接引誘，啄觸剁攢。

扔拋攪拐，抖搖挫捐。

關於八手，前輩先聖，當代賢哲，均有歌詠，皆先哲後賢實踐經驗之精髓，敬錄以供備考。

《太極進退不已功》

（七言九句）

掤進捋退自然理，陰陽水火相既濟。

先知四手得來真，採挒肘靠方可許。

四隅從此演出來，十三勢架永無已，所以因之名長拳。

任君開展與收斂，千萬不可離太極。

註：本篇似為七言八句，而楊本、佑本等均為七言九句。疑第七句「所以因之名長拳」，原係「十三勢架永無已」句之夾註，而被誤作正文。確否待考。

《太極上下名天地》

（七言八句）

四手上下分天地，採挒肘靠由有去。

採天靠地相應求，何患上下不既濟。

若使捌肘習遠離，迷了乾坤遺嘆惜。
此說亦明天地盤，進用肘捌歸人字。

牛連元轉授之楊式九訣
《八字法訣》（七言八句）

三換二挒一擠按，搭手遇掤莫讓先。
柔裏有剛攻不破，剛中無柔不為堅。
避人攻守要採捌，力在驚彈走螺旋。
逞勢進取貼身肘，肩胯膝打靠為先。

宋譜、宋書銘傳抄太極拳譜
《八字歌》（七言八句）

掤挒擠按世間稀，十個藝人十不知。
若能輕靈並捷便，沾連黏隨俱無疑。
採捌肘靠更出奇，行之不用費心機。
果能沾連黏隨字，得其環中不支離。

（二）太極步型

太極拳步型，是動作定勢時下肢的固定姿勢，即下肢靜態的動力定型。楊式太極拳的基本步型有以下幾種。

1. 弓箭步

顧名思義，取一腿前弓，如弓背之彎；一腿繃直，如箭之直之意，即前腿如弓，後腿如箭之義。技術要求為前腿弓，後腿蹬，因而也稱之為「弓蹬步」。

其做法是前腿進一步屈膝做勾股形，後腿伸直，全足踏實，足踵不可離地。兩足間橫距，以肩寬為準，前腳腳尖朝前，後腳腳尖內扣，與前腳尖成 45°角。弓箭步亦簡稱「弓步」，在太極拳中是最基本的步型。

摟膝拗步即此步型也，是楊式太極拳中標準的弓箭步，其兩足橫間距以肩寬為度，如在此基礎上，兩足橫間距縮窄一腳寬（約 10 公分），則成單鞭勢的弓箭步；又如兩足橫間距拓闊一腳寬，則成野馬分鬃勢的弓箭步。楊式太極弓箭步，以兩足的橫間距為準則，僅此三種形式。

2. 馬　步

取兩腿開襠如騎馬之意，故又名乘騎步、騎馬步或坐馬步。其做法是兩腳分開約腳長的 3 倍寬，兩腿屈膝半蹲，兩小腿直立，大腿接近水準，兩腳方向直前平行。又有乘騎略呈八字式者，將兩足尖稍向外展即是，因其兩腳尖基本平行向前，故此步型又名川字地盤（亦作地盆）。

該步型是轉換過程中出現的步型，如雲手式和右打虎轉換成右蹬腳式過程，即此步型也。

3. 虛　步

後腿坐實半蹲，腳尖外展 45°，重心後置，前腿微屈膝，前腳掌或腳跟虛著地。實非全然站煞，實中有虛，虛非全然無力，虛中有實。

如手揮琵琶和白鶴亮翅式等即此步型也。

4. 獨立步

單腿自然站立，切忌挺直，另一腿提護襠間，膝與胯平，腳尖自然下垂，猶如金雞獨立，故又名金雞步，亦有名鈞馬步的。金雞獨立式即此步型也。

5. 仆　步

一腿開襠展腳屈膝落胯全蹲坐實，另一腿自然平仆，腳尖內扣，兩腳全掌著地，仆於地上，故名仆步，又名鋪地錦。下勢式即此步型也。

6. 半馬步

一腿如馬步式下蹲，寓寄全身大部分重量，另一腿微屈，似馬非馬，故名半馬步。亦有拳家認為此種步型才是鈞馬步，可見鈞馬步之命名有分歧。

攬雀尾式的坐步捋攬，即此步型也。

7. 跨虎步

兩腿下蹲，一實一虛，襠開如門，如武松跨虎，故名跨

虎步或龍門步。打虎及退步跨虎式即此步型也。

8.開立步

兩腳不丁不八，不起踵，平行而立，與肩同寬，故名開立步或小開步。預備勢及十字手式等即此步型也。

（三）太極步法

太極步法是完成步型腿部動態的變化法則。

若言步的運行法則，則變化繁複，功用至巨。昔黃百家記有內家拳練步者十八：逞步、後逞步、碾步、沖步、撒步、曲步、蹋步、斂步、坐馬步、釣馬步、連枝步、仙人步、分身步、翻身步、追步、逼步、斜步、絞花步。總攝於六路與十段錦中。

黃百家所記練步十八法，由於拳術當隨時代，現已融通於太極拳等內家拳的步型步法之中，且名稱亦有演變。

楊式太極拳的主要步法有上步、進步、退步、撒步（卸步）、順步、拗步、橫行步、坐步、插步、套步、跟步、斂步、蓋步、墊步、龍行步、斜步、併步、翻步、碾步、疊步、擺步、扣步等。

1.上　步

前腿不變，後腳向前邁進，以進逼敵人。如上步攬雀尾和上步七星式。

2. 進　步

兩腳相繼向前各上一步。用於緊逼敵人而不及上步時，身稍卸而步即進，是以退為進。如進步搬攔捶、進步栽捶和進步指襠捶式。

3. 退　步

前腳向後退，後腿變作前步。蓋以手進而步則退，以進為退。如倒攆猴和退步跨虎式。

4. 撤步（卸步）

後腳斜撤，前腳向側方撤卸。與退步的向後退者不同，乃緩卸敵力，引進落空之謂。如玉女穿梭式。

5. 順　步

凡上下肢同一側均在前以為攻防者，其步法稱之為順步。如手揮琵琶和野馬分鬃式。

6. 拗　步

凡右腳在前而出左手者，或反之以為攻防者，其步法稱之為拗步。如摟膝拗步式。

7. 橫行步

兩腳平行連續虛實分明地側向移動。又名橫進步或側行步。如雲手式。

8. 坐 步

步式蹲定，開胯閃腰後坐，引進落空，以擒制敵力。如抱虎歸山式之坐步捋抱。

9. 插 步

一腳經支撐腿內踝向前或向後插入敵之襠下。如單鞭式。

10. 套 步

一腳經支撐腿內踝向前或向後套在敵腿之外側。如野馬分鬃式及倒攆猴轉斜飛式。

11. 跟 步

前腳如進步之勢，短而促，謂之逼步，又名沖步。後腳相繼跟進而追敵，曰跟步。因進跟的兩步係連續遞進，故又名連枝步。如搬攔捶式。

12. 斂 步

前腳不及後撤斜卸，而收回至後腳前。如單鞭變為高探馬式的步法。

13. 蓋 步

一腳經支撐腿前橫落。如抱虎歸山變肘底看捶式的步法。

14. 墊　步

後腳進短而促，前腳隨之上後腳所進之距。如摟膝拗步變手揮琵琶式的步法。

15. 龍行步

兩步屈伸圓轉自然而動如龍行。如野馬分鬃式。

16. 斜　步

步勢如弓箭步，向斜方向進退者。又名斜行步，亦稱隅步。如斜飛及斜單鞭式。

17. 併　步

兩足平行而立。又名開立步。如十字手式。

18. 翻　步

步隨身翻，後腳變前腳。如進步栽捶變為翻身撇身捶式及閃通背變為轉身白蛇吐芯式的步法。

19. 碾　步

以腳跟或前腳掌為軸，使其向內或向外磨碾。亦名磨碾步或碾轉步。主要用於轉體動作。如退步跨虎變為轉身擺蓮式的步法。

20. 疊　步

兩腿交叉蹲坐，以變換方向。又名仙人步。每施用於不及改變其他步法而擰身蹲坐。此步在五步中屬於中定，故又稱中定步。如雙峰貫耳轉左蹬腳式的步法。

21. 擺　步

上步落地時腳尖外擺，與後腳成八字。如進步搬攔捶搬時的步法。

22. 扣　步

上步落地時腳尖內扣，與後腳成八字。如打虎式。

(四) 太極腿法和膝法

1. 分　腳

一腿自然直立，另一腿屈膝提起，小腿上擺，腿自然伸直，腳面展平，不低於腰。如左右分腳式。

2. 蹬　腳

一腿自然直立，另一腿屈膝提起，腳尖上翹，腳跟蹬出，腿自然伸直，不低於腰。如右蹬腳式。

3. 擺　腿

一腿自然直立，另一腿提起，隨轉腰勢，自一側向另一

側弧形外擺，腳高不過肩，腳背略側朝外，與兩掌相迎先後拍擊。如雙擺蓮式。

4. 踢　腳

一腿站立，另一腿提起，腳尖勾起，以前腳掌或腳尖擊踢。楊式太極拳有「寸腿踢」等。如白鶴亮翅式。

5. 踩　腳

一腿站立，另一腿提起，以腳跟或腳掌向下踩踏對方腳面。又名踩步。如金雞獨立式的下踩。

6. 頂　膝

一腿自然直立，另一腿提膝，頂、撞、閉敵之襠部等處，又稱撞膝。如金雞獨立式的頂膝。

前所略舉的步法，為楊式太極拳步法之大概，由博返約，將繁複的手法和步法約歸為八門五步。故論太極十三勢之名稱，有「懷抱八卦，足跐五行」之說。足跐五行，是為步法。「捶以論勢，而握要者，步也。」靈與不靈，在於步；活與不活，在於步；穩與不穩，亦在於步。都在於步的虛實是否分明，踩跐的方位是否正確。

太極拳運行折疊轉換，全恃身法步法。「言其重要，則身步無分，論其順序，則須先熟習步法，而身法自明，乃進於得機得勢之域矣。」可見步法乃太極拳術之中流砥柱。

前面所述，太極拳的步法博返而約，模擬五行，無非是進、退、顧、盼、定也。

　　進者，前進也，運動在步，步不進則意索然而無能為矣，此所以必取其進也。

　　退者，後退也，佯輸詐走，步不退則勢無回而難回衝矣，此所以必取其退也。

　　顧者，體察、照應也。

　　盼者，呼應也。顧盼同義，左顧右盼也，左動為顧、右動為盼，形動為顧、意動為盼，動為顧、靜為盼，反之亦然，皆因太極拳乃對立統一之運動。

　　定者，中定也，圓滿渾厚、凝重中正，支撐八面而穩固厚重，心靜意正、神定氣閑，八面轉換而輕靈圓活。

　　太極步法，當進則進，殫其力而勇往直前；當退則退，速其氣而回轉扶勢。時而宜進，不可退，退以餒其氣；時而宜退，即以退，退以顧其進。

　　有拳家可能會說進退當可謂步法，而顧盼只可謂眼法，中定則為身法。殊不知人之周身，心為一身之主宰，而眼為心苗。目之所至，心亦至，身也至焉。太極拳以眼領手、眼隨手轉、手眼相隨。此手者，正如鄭曼青所言：「渾身是手手非手。」豈僅手足之手，亦常指身手，步在其中也。正如傅鍾文老師所說：「心一動，一轉眼則周身皆動，意到、眼到、身到、手到、步到、說動一齊俱動，說到一齊俱到，這就是形神合一。」

　　所以，目之流連顧盼，則手步相隨呼應；眼之中定，則氣閑神定，步履穩靈。故目之顧盼，即手之顧盼，亦即步之顧盼；目之中定，是身之中定，更是步之中定。能顧盼，則形象意態，體勢神情相輔相佐；能中定，則形質與性靈融

貫。行拳走架自然如行雲流水，情思繚繞，顧盼生姿，氣象萬千了。

楊振基老師說：「楊式太極拳的步有進退二法，進步必後坐使前腳變虛，腰帶腳掌轉動擺好轉動位置，後腿往前送身體重量至前腳，前腳承擔全身的重量，後提虛腳動步，動步時不往前腳靠攏，而是向前邁到確定的位置。退步，前腳提起向身後退一步，不向後腿靠攏，直接向後落到確定的位置。」

顧留馨老師說：「凡前進的腿，必須先提大腿，蓄勁於膝，帶起腳跟，足尖斜向下垂，再由屈而伸，緩緩踏出，足尖由下垂漸變上翹，腳跟先落地，然後足掌和足尖落地，全面落實。做雲手動作橫行前進的腿則須先落腳尖，然後足掌全面落實。凡後退的腿，必須先提大腿，蓄勁於膝，帶起腳跟，足尖斜向下垂，再緩緩後伸，先落足尖或足掌，然後全面落實。」

沈壽老師則說：「上步或進步時，腳跟先輕輕著地；退步或橫行時，腳尖先輕輕著地，然後漸漸由虛變實，直至全掌踏實。」

以上所述進退之步法，都要求出步落腿有如貓之輕靈、沉著和穩固。

太極宗師傅鍾文總結了太極拳手步運動的特點是「如意胳膊籬圈腿」。即上於兩膊相繫屈伸似如意；下於兩胯、兩腿相隨，變換如籬圈。順逆起伏，剛柔從容，虛實滲透，應變靈活。步的運行，無論進、退、顧、盼、定，立身中正穩定，以實腳控制所邁之步，即當實腳漸漸落胯坐實、屈膝下

蹲時，虛腳隨之稍稍離地提起，隨實腳下蹲，漸漸探索性地伸邁。這就是實腳蹲虛腳伸和實腳送虛腳，是典型的「舉步要輕、動步要穩、落步要準和輕靈沉穩兼而有之」的「太極步」。

太極步的特點之一是進退轉換舉止輕靈、虛實分明。楊澄甫在《太極拳之練習談》一文中說：「兩腿宜分虛實，起落猶似貓行。體重移於左者，則左實，而右腳謂之虛；移於右者，則右實，而左腳謂之虛。所謂虛者，非空，其勢仍未斷，而留有伸縮變化之餘意存焉。所謂實者，確實而已，非用勁過分、用力過猛之謂。」行拳運步，無論何種步型步法，都要注意腳下虛實分明，虛中有實，實中有虛，虛非全然無力，實非完全占煞。兩腳虛腳漸虛、實腳漸實，由虛至實或由實至虛都不可驟變，虛實的變換和重心的漸變，變轉交替得越細膩越好，此漸虛而彼漸實，逐步轉換，沉著而輕靈地前進後退，虛實分明，氣定神閑，重心穩定，自然無重滯遲鈍的毛病。

太極步的特點之二是變換在腿，腿為下肢主節，與胯、膝、踝相聯相制，根節胯、中節膝、梢節足，出步落腿有纏綿意，有屈伸勢，柔和利滑，細綿不斷，由根到梢，節節貫串。動勢之時，以足領膝，以膝領胯；靜勢之前，以胯催膝，以膝催足。弧進弧退，全神貫注，氣勢騰挪，顧盼生輝，渾噩一身，神形連綿如行雲，恍若身置太虛中。

太極步的特點之三正如朱熹《答張敬夫》中的那句話：「腳踏實地，動有依據。」腳踏實地就是其根在腳之謂。武禹襄《十三勢說略》曰：「其根在腳，發於腿，主宰於腰，

形於手指。由腳而腿而腰，總須完整一氣。」全身鬆沉，始能完整一氣，完整一勁。完整之勁通過腳而作用於地，反作用於全身，故其根在腳，即腳踩湧泉。正是陳鑫所說的「（足之）運動是後跟踏地，漸至趾，通谷、大鍾、外腓，以及隱白、大敦、厲兌，實實在在，踏在地上」。

實實在在地踏在地上，是合力之謂，要緊在足跟踏實，五趾微微躡攝，如貓之躡足，使腳掌掌緣貼地，足心湧泉形窪虛含。如是則精氣神貫注於腰、胯、膝、踝相聯相制，「千變萬化由我運，下體兩足定根基」。步之運行自然是「腳打踩意不落空」，飽滿而充實。

動有依據就是放之則拳彌六合，捲之則退藏於密。這裏的所謂「六合」，即手足之繫維，身步之運行，目步之顧盼。合規矩而脫規矩，脫規矩而合規矩；足躔五行，才能動作出於無心，鼓舞出於不覺，達到百骸筋骨自相貫通，上下表裏不難聯絡，散而統之，分而合之，四肢百骸總歸於一氣之境地。

郝為真先輩云：「練太極拳有三層意思。初層練習，身體如在水中，兩足踏地，周身與手足動作如有水之阻力。第二層練習，身體手足動作，如在水中而兩足已浮起不著地，如長泅者浮游其間皆自如也。第三層練習，身體愈輕靈，兩足如在水面上，到此時之景況，心中戰戰兢兢，如臨深淵，如履薄冰，心中不敢有一毫放肆之意，神氣稍微一散亂，恐身體沉下也。」

此是意念假借人置水中行拳時兩足踏踔的情況，以說明太極拳的三種境界。說明運步的水準客觀上反映了太極拳的

功夫，某種意義上說，步的功夫就是拳的功夫。

　　太極拳法旨要的諸法是互聯相關的，是表裏精粗無不到的整體要求。鄭曼青《體用歌》詠之「太極拳，十三勢，妙在二氣分陰陽，化生千億歸抱一，歸抱一。太極拳，兩儀四象渾無邊，禦風何以頂頭懸。我有一轉語，今為知者吐，湧泉無根腰無主，力學垂死終無補。體用相兼豈有他，浩然氣能行乎手，掤捋擠按採挒肘靠進退顧盼定，不化自化走自走。足欲向前先挫後，身似行雲手安用手，渾身是手手非手，但須方寸隨時守所守。」短短一曲《體用歌》，諸法旨要盡在其中。

國家圖書館出版品預行編目資料

楊式太極拳詮釋〈理論篇〉/王志遠　編著
——初版，——臺北市，大展，2006〔民95〕
面；21公分，——（武術特輯；85）
ISBN　978-957-468-484-7（平裝）

1.太極拳

528.972　　　　　　　　　　　95013928

楊式太極拳詮釋〈理論篇〉

ISBN-13：978-957-468-484-7
ISBN-10：　　957-468-484-9

編　　著/王志遠
責任編輯/李彩玲
發 行 人/蔡森明
出 版 者/大展出版社有限公司
社　　址/台北市北投區（石牌）致遠一路2段12巷1號
電　　話/（02）28236031 · 28236033 · 28233123
傳　　眞/（02）28272069
郵政劃撥/01669551
網　　址/www.dah-jaan.com.tw
E－mail／service@dah-jaan.com.tw
登 記 證/局版臺業字第2171號
承 印 者/高星印刷品行
裝　　訂/建鑫印刷裝訂有限公司
排 版 者/弘益電腦排版有限公司
授 權 者/北京人民體育出版社
初版1刷/2006年（民95年）10月

定　價/200元

●本書若有破損、缺頁敬請寄回本社更換●

推理文學經典巨著，中文版正式授權

名偵探明智小五郎與怪盜的挑戰與鬥智
名偵探柯南、金田一都讚嘆不已

日本推理小說鼻祖－江戶川亂步

1894年10月21日出生於日本三重縣名張〈現在的名張市〉。本名平井太郎。
就讀於早稻田大學時就曾經閱讀許多英、美的推理小說。
畢業之後曾經任職於貿易公司，也曾經擔任舊書商、新聞記者等各種工作。
1923年4月，在『新青年』中發表「二錢銅幣」。
筆名江戶川亂步是根據推理小說的始祖艾德嘉‧亞藍波而取的。
後來致力於創作許多推理小說。
1936年配合「少年俱樂部」的要求所寫的『怪盜二十面相』極受人歡迎，
陸續發表『少年偵探團』、『妖怪博士』共26集……等
適合少年、少女閱讀的作品。

1 ～ 3 集　定價300元　試閱特價189元